毎日つぶやいてみる

# 韓国語ひとりごと

チョ・ヒチョル

CHO HICHORU

# はじめに

韓国語の市民講座では、休み明けの最初の授業で**「おたまは？」「しゃもじは？」という質問**をします。まだ初級なので、テキストや授業でこういった難しめ（?）の単語を学んだことはないのですが、だからこそ休みの間、**ふだんから韓国語で「ひとりごと」を続ける「ハングル生活」をやってきたかを確認**するわけです。

**学習者には、韓国語の勉強は必ずしも教室や机の上だけでするものではない**と話しています。限られた時間に集中して勉強するのも大いに結構ですが、それよりも「常在戦場」という思いで「ハングル生活」することを勧めています。

つまり**いつでもどこでも韓国語で「ひとりごと」を言う**のです。最初は目にとまるもの、耳に聞こえるものを単語レベルで拾っていき、少しずつそれに肉付けしていき、会話レベルにまでもっていくことで韓国語力は着実に伸びていくはずです。

「ない袖は振れぬ」ということわざがあります。

これは外国語においても通用するでしょう。

しかし、ない袖が振れないどころか、ある袖も振れないのが、外国語を学習している人の共通点ではないでしょうか。

つまり、覚えているはずの単語もフレーズもいざというとき思い出せず、あまり役に立たなくなってしまうのです。

では、**「ある袖が振れる」ようにする**ためにはどうすればいいでしょうか。

まず、ある袖も振れなかった理由を考えてみると答えは見えてくるはずです。

せっかく覚えた単語とフレーズも、頭の中に深く沈殿していると、必要なときに出てこなくなります。そこで**目が覚めてから寝るまで、韓国語で「ひとりごと」をつぶやく習慣を身につけておく**と、いざ韓国語をしゃべるときにパッと出てくるはずです。

あえて「ひとりごと」の本を出すことになったのは、会話の本だと話す相手が必要で、場面も制限されてしまうからです。

その反面、**「ひとりごと」は場所も時間も選びません。**話す相手も特定の場面もいりません。頭を自由にして思いついたことを「ひとりごと」でつぶやいてみましょう。「ひとりごと」はいつでもどこでもできるものなので、学習量が何倍も増えて、みるみるうちに力が伸びていくに違いありません。

この本で特にこだわったのは場面の設定と例文です。朝、起きてから夜、寝るまでの**100場面を想定して場面ごとに10の「ひとりごと」を設けました。見出しの例文も含めてトータルで1100の「ひとりごと」が掲載されています**。これで日常において考えられるほとんどの場面をカバーできたはずです。**時間や場所を問わず話す環境を作ることができます**。単語を入れ換えたりするとさらに表現の幅が広がるでしょう。

まずは本書にしっかり取り組むことですが、**「ひとりごと」を日常化する「ハングル生活」を続けていけば、おのずと文法も会話力も身につき、**

**どんな場面でも自分の言いたいことが口から自然と出てくるはずです。**

外国語学習において大事なのは3つの「キ」と言われています。暗記、根気、そしてやる気！私はいつもそれにもう1つのキを加えます。それはほかならぬ「のんき」です。**どうかみなさんも「ひとりごと」でもって「のんき」に「ハングル生活」を楽しみましょう**！

最後にこの本が出るまでは多くの方々のご協力を得ました。ベレ出版の脇山さんのお声がけで始まり、韓国語のフレーズは呉秀賢さん、日本語訳は娘のウリン、また、京都外国語専門学校の河村光雅先生には日本語と韓国語の全体の表現に目を通していただきました。改めてお礼を申し上げます。

2022.12.　チョ・ヒチョル

## 音声ダウンロード方法

・付属音声をベレ出版ホームページより無料でダウンロードできます。（MP3ファイル形式）

1．パソコンのウェブブラウザを立ち上げて「ベレ出版」ホームページ（www.beret.co.jp）にアクセスします。

2．「ベレ出版」ホームページ内の検索欄から、『毎日つぶやいてみる　韓国語ひとりごと』の詳細ページへ。

3．「音声ダウンロード」をクリック。

4．８ケタのダウンロードコードを入力しダウンロードを開始します。
ダウンロードコード：**wchHTKx6**

5．パソコンやMP3音声対応のプレーヤーに転送して、再生します。

お願いと注意点について

・デジタル・オーディオ、スマートフォンの転送・再生方法など詳しい操作方法については小社では対応しておりません。製品付属の取り扱い説明書、もしくは製造元へお問い合わせください。

・音声は本書籍をお買い上げくださった方へのサービスとして無料でご提供させていただいております。様々な理由により、やむを得ずサービスを終了することがありますことをご了承ください。

# CONTENTS

SCENE

## 1 目が覚めてから



朝から夜寝るまでのひとりごと

SCENE

## 2 家事

# 3 出勤

SCENE

# 仕事 4

# 5 住まい・家族

SCENE

# 6 夜

その他のシーン別のつぶやき

SCENE

# 7 気持ちの表現

SCENE

# 8 アフター5

## SCENE 9 アウトドア・お出かけ

## SCENE 10 健康・リフレッシュ

朝から夜寝るまでのひとりごと韓国語

# SCENE 1

# 目が覚めてから

- 目覚め
- 部屋の整理
- 洗面
- 朝食
- メイク
- 身支度
- 天気
- テレビ・新聞
- 戸締りなど
- 出がけに

01. 目覚め 001

## 早起きしなくちゃ。

イルッチク イロナヤジ
# 일찍 일어나야지!

ああ、爽やかな朝だ。

01 ア サンクェハン アチミダ
**아, 상쾌한 아침이다.**

□상쾌하다 : 爽快だ、爽やかだ。

ああ、もう起きよう!

02 ア イジェ イロナジャ
**아, 이제 일어나자!**

□이제 : もう □일어나다 : 起きる

もう少しだけ寝ようかな。

03 チョグムマン ト ジャヤジ
**조금만 더 자야지!**

□조금만 : 少しだけ □더 : もっと

もっと寝たい気持ちは山々だけど。

04 ト ジャゴ シプン マウミ クルットゥクカチマン
**더 자고 싶은 마음이 굴뚝같지만.**

□굴뚝같다 : (煙突のようだ→) 気持ちが山ほどだ

ああ、うるさいな。とりあえずアラームを止めよう!

05 ア シックロムネ イルタン アルラムル モンジョ ックゴ
**아, 시끄럽네. 일단 알람을 먼저 끄고!**

□시끄럽다 : うるさい □알람 : アラーム □일단 (一旦) : とりあえず、一応 □끄다 : 止める

今、何時だろう!?　もう外が明るい。

チグム ミョッ シジ　ポルッソ パッキ ファナネ
06 지금 몇 시지!? 벌써 밖이 환하네.

□밖 : 外 □환하다 : 明るい

寝坊しちゃった。

ヌッチャムル チャ ポリョンネ
07 늦잠을 자 버렸네.

□늦잠을 자다 : (遅寝を寝る→) 朝寝坊をする □-아/어 버리다 : ～してしまう

まずトイレに行こう。

モンジョ ファジャンシルブト カヤジ
08 먼저 화장실부터 가야지!

□먼저 : 先に □화장실 (化粧室) : トイレ

何だか体がだるい。

ウェンジ モミ ッチップドゥンハダ
09 왠지 몸이 찌뿌둥하다.

□왠지 : 何となく □찌뿌둥하다 : だるい

体操したり、歩いたりしなくちゃ。

チェジョルル ハゴナ コッコナ ヘヤゲッタ
10 체조를 하거나 걷거나 해야겠다.

□체조 : 体操 □걷다 : 歩く

## 文法POINT

コナ
## -거나 : ～したり、～するとか、～か

複数のうち、1つを選択することを表す。

イリョイレヌン チングルル マンナゴナ ヨンファルル ポァヨ
▷ 일요일에는 친구를 만나거나 영화를 봐요.　日曜日には友だちに会ったり、映画を見たりします。

ウマグル トゥッコナ トゥラマルル ポゴナ ヘヨ
▷ 음악을 듣거나 드라마를 보거나 해요.　音楽を聞いたり、ドラマを見たりします。

## 02. 部屋の整理　002

# 窓をぱっと開けよう。

チャン ム ヌル ファルッチャク ヨ ル ジャ
# 창문을 활짝 열자!

今日は布団を干そう。

オ ヌルン イ ブルル チョム マルリョ ヤ ゲッ タ
**01** 오늘은 이불을 좀 말려야겠다.

□이불：布団 □말리다：干す

ベッドを整えなくちゃ。

チムデルル チョンニヘヤジ
**02** 침대를 정리해야지.

□침대(寝台)：ベッド □정리하다：整理する、片付ける

まずカーテンを開けよう。

コトゥンブト ヨ ロ ヤ ジ
**03** 커튼부터 열어야지!

□커튼：カーテン □열다：開ける（⇔닫다：閉める）

窓を開けて新鮮な空気を中へ！

チャンムヌル ヨ ロ シンソナン コン ギ ルル ア ヌ ロ
**04** 창문을 열어 신선한 공기를 안으로!

□창문(窓門)：窓 □신선하다：新鮮だ □공기：空気 □안：中

部屋がちょっと寒いな！　エアコンをつけようかな。

パン イ チョム チュムネ エ オ コ ヌ ル キョルッカ
**05** 방이 좀 춥네! 에어컨을 켤까!?

□춥다：寒い □에어컨：エアコン □켜다：つける（⇔끄다：消す）

外の風が冷たい。

06 パッカッ パラミ チャネ
**바깥 바람이 차네.**

□바깥：外 □바람：風 □차다：冷たい

机の上も片付けなくちゃ。

07 チェクサン ウィド チョム チウォヤゲッタ
**책상 위도 좀 치워야겠다.**

□치우다：片付ける

部屋の雰囲気を変えてみよう。

08 パン プヌィギルル パックォ ボジャ
**방 분위기를 바꿔 보자.**

□분위기：雰囲気 □바꾸다：変える

帰りに花でも買ってこようかな。

09 トラオヌン ギレ ッコチラド チョム サ オルッカ
**돌아오는 길에 꽃이라도 좀 사 올까!?**

□돌아오다：帰ってくる □길에：(道に→)途中で □이라도：～でも

たんすはこっちに動かしてもらおう。

10 チャンノンウン イッチョグロ オムギゲ ヘヤゲッタ
**장롱은 이쪽으로 옮기게 해야겠다.**

□장롱(藏籠)：たんす □옮기다：動かす

### 文法POINT

ケ ハダ
## -게 하다 ： ～するようにさせる、～させる

誰かにあることをさせることを表す。

▷ アイドゥルル イルッチク チャゲ ヘッソヨ
**아이들을 일찍 자게 했어요.** 子どもたちを早く寝かせました。

▷ ウムシグル コルゴルモッケ ヘッソヨ
**음식을 골고루 먹게 했어요.** ご飯をバランスよく食べさせました。

03. 洗面 003

# 冷たい水で顔を洗おう。

チャガウン ムルロ
# 차가운 물로

セスルル ハジャ
# 세수를 하자!

髪がぼさぼさだ。

モリガ プススハネ
01 **머리가 부스스하네.**

□부스스하다：(髪の毛が) ぼさぼさしている

寝癖がついてる。

モリエ ッカチジブル チオンネ
02 **머리에 까치집을 지었네.**

□까치집을 짓다：(カササギの巣を作る→) 寝癖がつく

シャワーする時間があるかな。

シャウォハル シガニ イッスルッカ
03 **샤워할 시간이 있을까?**

□샤워하다：シャワーする

髪を洗って、よく乾かさなくちゃ。

モリルル カムコ チャル マルリョヤゲッタ
04 **머리를 감고 잘 말려야겠다.**

□감다：髪を洗う □말리다：乾かす

きちんと髭剃りをしないとな。

ッカルックマゲ ミョンドヘヤジ
05 **깔끔하게 면도해야지.**

□깔끔하다：さっぱりしている □면도하다(面刀ー)：髭を剃る

歯をきれいに磨こう。

06 イルル ッケックシ タクチャ
**이를 깨끗이 닦자.**

□깨끗이：きれいに □닦다：磨く

歯磨き粉がなくなった。

07 チヤギ タ ットロジョンネ
**치약이 다 떨어졌네.**

□치약（歯薬）：歯磨き粉 □다：全部 □떨어지다：なくなる

横の髪を少しカットしなくちゃ。

08 ヨムモリルル チョグム チャルラヤゲッタ
**옆머리를 조금 잘라야겠다.**

□옆머리：横の髪 □자르다：切る

最近ニキビがたくさんできたな。

09 ヨジュム ヨドゥルミ マニ センギョンネ
**요즘 여드름이 많이 생겼네.**

□여드름：ニキビ □생기다：できる

蛇口から水がちょろちょろ流れてる。

10 スドッコクチエソ ムリ チョルジョル フルゴ インネ
**수도꼭지에서 물이 졸졸 흐르고 있네.**

□수도꼭지（水道－）：蛇口 □졸졸：ちょろちょろ □흐르다：流れる

## 文法POINT

### コ イッタ
### -고 있다：～している

ある動作が進行していたり、動作が完了した結果が現在も続いていることを表す。

▷ ピガ マニ オゴ イックナ
**비가 많이 오고 있구나.** 雨がたくさん降っているな。

▷ チョ サラムン モッチン オスル イプコ インネ
**저 사람은 멋진 옷을 입고 있네.** あの人は素敵な服を着ているね。

## 04. 朝食　004

# 朝ご飯はちゃんと食べよう！

# アチムン チェデロ モゴヤジ
# 아침은 제대로 먹어야지!

今朝は何を食べようかな。

01 オヌル アチメン ムォル モグルッカ
**오늘 아침엔 뭘 먹을까?**

□뭘(←무얼←무엇을)：何を

パンと牛乳で済ませようかな。

02 ッパンハゴ ウユロ ッテウルッカ
**빵하고 우유로 때울까?**

□때우다：(簡単に)済ませる

体力は国力だ！(全ての基本は体力！)たくさん食べよう。

03 チェリョグン クンニョギダ マニ モクチャ
**체력은 국력이다! 많이 먹자!**

□체력：体力 □국력：国力 #発音は[궁녁]

昨日飲みすぎてムカムカする。

04 オジェ クヮウメットニ ソギ ッスリネ
**어제 과음했더니 속이 쓰리네.**

□과음하다(過飲ー)：飲み過ぎる □속：お腹 □쓰리다：ひりひりする

今はあまり食べたくない。

05 チグムン パプ センガギ ピョルロ オムネ
**지금은 밥 생각이 별로 없네.**

□밥 생각：(ご飯の考え→)食べたい気持ち □생각이 없다：(考えがない→)気持ちがない

コンビニでおにぎりでも買って食べよう。

ピョ ニ ジョ メ ソ　サムガクキム パ ビ ラ ド　サ　モ ゴ ヤ ゲッ タ
06 **편의점에서 삼각김밥이라도 사 먹어야겠다.**

□**편의점**(便宜店):コンビニ □**삼각김밥**(三角ー):おにぎり

朝ご飯を作るのが面倒だ。

ア チム パプ　チェンギ ヌン　ゲ　クィチャン ネ
07 **아침밥 챙기는 게 귀찮네.**

□**챙기다**:(食事などを)準備する □**귀찮다**:面倒だ

時間がぎりぎりだ。でも朝ご飯は食べないとな。

シ ガ ニ　ッパドゥ タ グ ナ　ク レ ド　ア チ ムン　クム チ　マ ラ ヤ ジ
08 **시간이 빠듯하구나. 그래도 아침은 굶지 말아야지.**

□**빠듯하다**:ぎりぎりだ □**굶다**:(食事を)抜かす □**-지 말다**:〜しないようにする

お弁当も持って行こう。

ト シ ラク ト　ッサ ソ　ガ ジャ
09 **도시락도 싸서 가자.**

□**도시락**:お弁当 □**싸다**:(弁当を)作る

朝ご飯を食べてから、食器洗いもしなくちゃ。

ア チ ムル モッ コ　ナ ソ　ソル ゴ ジ ド　ヘ ヤ　ハル テン デ
10 **아침을 먹고 나서 설거지도 해야 할 텐데.**

□**설거지**:食器洗い

## 文法POINT

コ ナ ダ
### -고 나다 : 〜する、〜し終わる

ある行為が終わってから、他の行為をしたり、状況が続くことを表す。

スクチェルル　ハ ゴ　ナ ソ　ノルジャ
▷ **숙제를 하고 나서 놀자.** 宿題をしてから遊ぼう。

チョム シ ムル　モッ コ　ナ ニ　チョム　チョル リ ネ
▷ **점심을 먹고 나니 좀 졸리네.** 昼ご飯を食べ終わったらちょっと眠い。

05. メイク　🔊 005

## きれいにに化粧してみようかな。

イェップ　ゲ
# 예쁘게
ファジャン　ヘ　ボルッカ
# 화장해 볼까!?

すっぴんで行けないから軽く化粧しよう。

センオル ロ　カル　ス　オプ ス　ニ　カ ビョプ ケ　ファジャン ハ ジャ
01 **생얼로 갈 수 없으니 가볍게 화장하자.**

□생얼（生ー）：すっぴん #「생얼굴」の略語　□가볍게：軽く　□화장하다：化粧する

プレゼンもあるからちゃんと化粧しなくちゃ。

プレジェンテイジョンド イッ ス　ニッカ チェ デ　ロ　ファジャンヘヤジ
02 **프레젠테이션도 있으니까 제대로 화장해야지.**

□프레젠테이션：プレゼンテーション

このファンデーション本当にいい。

イ　パウンデイション　チョンマル　チョンネ
03 **이 파운데이션 정말 좋네.**

□파운데이션：ファンデーション

この化粧品は私に合わないな。

イ　ファジャンプムン　ナ ハン テ　アン マン ネ
04 **이 화장품은 나한테 안 맞네.**

□맞다：合う

最近肌がだいぶ荒れているみたい。

ヨジュム　ピ ブ ガ　マ ニ　サンハン ゴッ　ガ タ
05 **요즘 피부가 많이 상한 것 같아.**

□피부：皮膚、肌　□상하다（傷ー）：傷つく、荒れる

時間がないから化粧はやめよう。

シ ガ ニ オプ ス ニッカ ファジャンウン ク マンドゥジャ
06 시간이 없으니까 화장은 그만두자.

□그만두다：やめる

口紅をきれいに塗らなくちゃ。

リプ ス ティグル イェップ ゲ パル ラ ヤ ジ
07 립스틱을 예쁘게 발라야지.

□립스틱：口紅 □예쁘게：きれいに □바르다：塗る

このアイシャドーは色がいまいちだ。

イ ア イ シェ ド ヌン セッカ リ ピョル ロ ネ
08 이 아이섀도는 색깔이 별로네.

□아이섀도：アイシャドー □색깔：色合い □별로다：いまいちだ

後ろの髪は縛って、前髪はちょっと上げてみようかな。

トゥィンモリヌン ムッ コ アム モ リ ヌン チョグム オルリョ ボルッカ
09 뒷머리는 묶고 앞머리는 조금 올려 볼까!?

□뒷머리：後ろの髪 □묶다：縛る、束ねる □앞머리：前髪 □올리다：上げる

この化粧ポーチは持ち歩きやすそうだ。

イ ファジャンプム パ ウ チ ヌン トゥルゴ ダ ニ ギ チョケッ タ
10 이 화장품 파우치는 들고 다니기 좋겠다.

□파우치：ポーチ □들고 다니다：持ち歩く □-기 좋다：～しやすい、～するのに便利だ

## 文法POINT

コ ダ ニ ダ
### -고 다니다：～ている、～て歩く

何かの行為をし続けることを表す。

ヌル ウ サ ヌル トゥル ゴ ダ ニン ダ
▷ 늘 우산을 들고 다닌다.　いつも傘を持ち歩いている。

パ ブン チェ デ ロ モッ コ ダ ニ ニ
▷ 밥은 제대로 먹고 다니니?　ご飯はちゃんと食べているの？

06. 身支度 006

# 今日は何を着ようかな。

オ ヌ ル ン ム ス ン オ ス ル
# 오늘은 무슨 옷을
イ ブ ル ッ カ
# 입을까!

会社には何を着ていけばいいかな。

フェサエン ムォル イプ コ ガミョン チョウルッカ
01 **회사엔 뭘 입고 가면 좋을까?**

□뭘：何を □입다：着る

服選びは簡単じゃない。

オッ コ ル ギ ガ シュィプチ アン ネ
02 **옷 고르기가 쉽지 않네!**

□고르다：選ぶ

最近着たい服がないな。

ヨ ジュム イ ブル マ ナン オ シ オム ネ
03 **요즘 입을 만한 옷이 없네.**

□입을 만하다：着るに値する

このスカーフ、本当に気に入った。

イ ス カ プ チョンマル マ ウ メ トゥ ロ
04 **이 스카프 정말 마음에 들어!**

□스카프：スカーフ □마음에 들다：気に入る

出張のとき着るスーツを1着買わなくちゃ。

チュルチャンッテ イ ブル チョンジャンウル ハン ボル サ ヤ ゲン ネ
05 **출장 때 입을 정장을 한 벌 사야겠네.**

□출장：出張 □정장（正装）：スーツ □한 벌：1着

今日は地味なこの服がよさそうだ。

06 オ ヌルン ス スハン イ オ シ チョウル コッ カッ タ
오늘은 수수한 이 옷이 좋을 것 같다.

□수수하다：地味だ

ちょっと派手な服を着てみようかな。

07 チョム ファリョハン オ ス ロ イ ボ ボルッカ
좀 화려한 옷으로 입어 볼까?

□화려하다（華麗－）：派手だ

この服はちょっと派手すぎるかな。

08 イ オスン チョム ヤ ハン ゴッ カ タ
이 옷은 좀 야한 것 같아!

□야하다（野－）：派手すぎる、けばけばしい

このストライプの服が似合うかな。

09 イ チュルムニ オ シ オ ウルリルッカ
이 줄무늬 옷이 어울릴까!?

□줄무늬：縞模様 □어울리다：似合う

この服は結構高かったが一度も着ていない。

10 イ オスン ックェナ マ ヌン トヌル チュ ゴ サ ゴ ド ハン ボン ド ア ニ ボン ネ
이 옷은 꽤나 많은 돈을 주고 사고도 한 번도 안 입었네.

□꽤나：結構、相当

## 文法POINT

### コ ド
### -고도：～しても、～でも

後続節で、先行節の内容と相反することが続くことを表す。

▷ オムマハンテ ホンナゴド パンソン アン ハネ
엄마한테 혼나고도 반성 안 하네.
お母さんに叱られても反省しないね。

▷ クロケ モッコド アジク ペガ コプニ
그렇게 먹고도 아직 배가 고프니?
あんなに食べてもまだお腹が空いているの?

## 07. 天気　007

今日はいい天気だね。

オ　ヌ　ルン
# 오늘은
ナ　ル　ッ　シ　ガ　　チョン　ネ
# 날씨가 좋네!

今日は雨が降りそうだ。

オ　ヌ　ルン　ピ　ガ　オル　コッ　カン　ネ
01 **오늘은 비가 올 것 같네!**

□-(으)ㄹ 것 같다：～しそうだ、～(な)ようだ

夕立が一雨降りそうだ。

ソ　ナ　ギ　ガ　ハン　バ　タン　オ　ゲッ　タ
02 **소나기가 한바탕 오겠다.**

□소나기：夕立、にわか雨　□한바탕：ひとしきり

もう雨がやんでほしいな。

イ　ジェ　ピ　ガ　ク　マン　ワッ　スミョン　チョケッ　タ
03 **이제 비가 그만 왔으면 좋겠다.**

□이제：もう　□그만：それくらいで(…やめる)

からっと晴れて爽快だ。

ナルッシガファルッチャク　ケ　オ　サンクェ　ハ　ネ
04 **날씨가 활짝 개어 상쾌하네.**

□활짝：ぱっと　□개다：晴れる　□상쾌하다：爽やかだ

今日の天気予報見なくちゃ。

オ　ヌ　ル　イ　ル　ギ　イ　エ　ボ　ポ　ワ　ヤ　ジ
05 **오늘 일기예보 봐야지.**

□일기예보(日気予報)：天気予報

季節の変わり目なので、風邪に注意。

06 ファンジョルギニッカ カム ギ チョシム
**환절기니까 감기 조심!**

□환절기(換節期):季節の変わり目 □감기(感気):風邪 □조심:注意

梅雨はいつ終わるの!?

07 チャン マ ヌン オンジェ ックンナジ
**장마는 언제 끝나지!?**

□장마:梅雨 □끝나다:終わる

ああ暑い夏よ、早く去れ!

08 ア トウン ヨ ル マ ッパルリ カ ゴ ラ
**아, 더운 여름아 빨리 가거라!**

□덥다:暑い □-아:〜よ □가거라:(行け→)立ち去れ

ぼたん雪がこんこんと降ればいいのに。

09 ハムバン ヌ ニ ポンポン ワッスミョン チョケンヌン デ
**함박눈이 펑펑 왔으면 좋겠는데.**

□함박눈:ぼたん雪 □펑펑:こんこん

春になったら花見に行きたい。

10 ポ ミ トゥェミョンポッコン ノ リ ルル カ ゴ シプ タ
**봄이 되면 벚꽃놀이를 가고 싶다.**

□벚꽃놀이:(桜遊び→)花見

## 文法POINT

コ シプ タ
# -고 싶다 : 〜したい

話し手の願望を表す。

ネ イルン ヨンファ ポ ロ カ ゴ シプ タ
▷ **내일은 영화 보러 가고 싶다.** 明日は映画を見に行きたい。

キム チ ッチ ゲ ルル モッ コ シ ポ ヨ
▷ **김치찌개를 먹고 싶어요.** キムチ鍋が食べたいです。

08. テレビ・新聞　008

# 今日のニュースを見てみよう。

オ ヌ ル　ニ ュ ス ル ル　ポ ジャ
# 오늘 뉴스를 보자!

何か面白い番組はないかな。

ムォンガ　チェ ミ インヌン　プ ロ　オプスルッカ
**01 뭔가 재미있는 프로 없을까?**

□뭔가：何か　□프로：番組

このモッパンは面白そうだ。

イ　モクパン　チェ ミ イッスル　コッ カン ネ
**02 이 먹방 재미있을 것 같네.**

□먹방（−放→）：グルメ番組 #「먹는 방송（食べる放送）」の略語

徹夜討論は午前0時からやるんだ。

パムセム　ト ロ ヌン チャジョンブ ト　ハ ヌン グ ナ
**03 밤샘 토론은 자정부터 하는구나.**

□밤샘：徹夜　□토론：討論　□자정（子正）：午前0時

待って、これは録画しておかなくちゃ。

ヤ　イゴン　ノ クヮ ヘ　ドゥォヤゲッタ
**04 야, 이건 녹화해 둬야겠다.**

□녹화하다：録画する

このドラマは最近人気があるらしい。

イ　トゥ ラ マ　ヨジュム イン キ ガ　チョ タ ジ
**05 이 드라마 요즘 인기가 좋다지!?**

□좋다지：いいと言ってる #「좋다고 하지」の縮約形

結婚のニュースがトップを飾った！

06 キョロン ニュス ガ トプル チャンシケンネ
**결혼 뉴스가 톱을 장식했네!**

□결혼：結婚 □톱：トップ □장식하다（装飾ー）：飾る

この社説は本当によく書けている。名文だ。

07 イ サソル チョンマル チャル ッソッタ ミョンムニネ
**이 사설 정말 잘 썼다. 명문이네.**

□사설：社説 □명문：名文

いつ頃この世に平和が来るんだろうか。

08 オンジェッチュム イ セサンエ ピョンファガ オルッカ
**언제쯤 이 세상에 평화가 올까!?**

□언제쯤：いつ頃 □세상（世上）：世の中 □평화：平和

「ドキュメンタリー3日」はいつ見てもいい。

09 タキュメントリ サミルン オンジェ ポァド チョア
**'다큐멘터리 3일'은 언제 봐도 좋아!**

□다큐멘터리：ドキュメンタリー

今年は優勝をしたがっているけど無理だろうね。

10 オレ ウスンウル ハゴ シポ ハジマン ヒムドゥル コル
**올해 우승을 하고 싶어 하지만 힘들 걸.**

□올해：今年 □우승：優勝 □힘들다：大変だ、無理だ

## 文法POINT

コ シポ ハダ
## -고 싶어 하다：～したがる

他者が望んだり、願ったりすることを表す。

トンセンウン ミグゲ ユハク カゴ シポ ヘッソヨ
▷ **동생은 미국에 유학 가고 싶어 했어요.** 弟はアメリカに留学したがっていました。

サル アン ッチヌン ウムシグル モッコ シポ ヘヨ
▷ **살 안 찌는 음식을 먹고 싶어 해요.** 太らない物を食べたがっています。

## 09. 戸締りなど　🔊 009

# 出社の時間が迫っている。

チュルグン　シガニ
# 출근 시간이
タ　トゥエ　ガネ
# 다 돼 가네!

着る服も出しておいて。

イブル オッ ミリ ッコネ ノコ
01 **입을 옷도 미리 꺼내 놓고.**

□미리：前もって、早めに　□꺼내다：取り出す

テレビも消さなくちゃ。

テルレビジョンド ッコヤジ
02 **텔레비전도 꺼야지.**

□끄다：消す

窓もちゃんと閉めて。

チャンムンド チェデロ タッコ
03 **창문도 제대로 닫고!**

□창문(窓門)：窓　□제대로：ちゃんと　□닫다：閉める

消えた火も再度確認。ガスレンジもOK!

ッコジン プルド タシ ポジャ カスレインジド オケイ
04 **꺼진 불도 다시 보자! 가스레인지도 오케이!**

□꺼지다：消える　□불：火　□가스레인지：ガスレンジ

ゴミも持って行って捨てなくちゃ。

ッスレギド トゥルゴ ガソ ポリョヤジ
05 **쓰레기도 들고 가서 버려야지.**

□쓰레기：ゴミ　□들고 가다：持って行く　□버리다：捨てる、出す

帰ってきたら家の周りの掃除をしよう。

06 カッタ ワソ チプ チュウィ チョンソルル ヘヤゲッタ
갔다 와서 집 주위 청소를 해야겠다.

□갔다 오다：行ってくる □주위（周囲）：周り □청소（清掃）：掃除

家のカギはどこに置いたかな。

07 チプ ヨルスェヌン オディ イットラ
집 열쇠는 어디 있더라!?

□열쇠：カギ □있더라：あったっけ＃不確かな回想のとき使う

玄関の扉は上下とも閉めたよね!?

08 ヒョングヮン ムヌン ウイアレ タ チャムガッチ
현관 문은 위아래 다 잠갔지!?

□현관：玄関 □문（門）：ドア □잠그다：閉める

早く帰ってくる予定だし、上のカギだけ閉めよう。

09 イルッチク トラオル イェジョンイニ ウィエ ヨルスェマン チャムグジャ
일찍 돌아올 예정이니 위의 열쇠만 잠그자!

□돌아오다：帰ってくる □예정：予定

たまに窓を閉め忘れたりする。

10 カノク チャンムン チャムグヌン ゴル イジョボリゴン ヘ
간혹 창문 잠그는 걸 잊어버리곤 해!

□간혹（間或）：たまに □잊어버리다：忘れてしまう

## 文法POINT

### コン ハダ
### -곤 하다：しばしば～する、～したりする

ある出来事が繰り返して行われていることを表す。

▷ カックム ミスルグヮネ カゴン ヘッソヨ
가끔 미술관에 가곤 했어요. たまに美術館に行ったりしました。

▷ メイル キムチルル モッコン ヘヨ
매일 김치를 먹곤 해요. 毎日、キムチを食べたりします。

10. 出がけに 010

# やっと出発。

トゥディ オ　チュルバル
# 드디어 출발!

下手すれば遅刻しそうだ。

01 チャルモタミョ チ ガ カゲンヌン ゴル
**잘못하면 지각하겠는 걸!**

□잘못하다：間違える □지각하다：遅刻する

今日は早起きしたから余裕があるな。

02 オ ヌルン イルッチク イ ロ ナ ソ ヌ グ タ ネ
**오늘은 일찍 일어나서 느긋하네.**

□일어나다：起きる □느긋하다：余裕がある、のんびりしている

財布と携帯もちゃんと確認して。

03 チ ガ パ ゴ ヒュ デ ポン ド チャル チェンギ ゴ
**지갑하고 휴대폰도 잘 챙기고!**

□지갑(紙匣)：財布 □휴대폰(携帯ー)：携帯電話

もう一度、バスの時刻も確認しなくちゃ。

04 タ シ ハンボン ポ ス シガンド ファギ ネ ヤ ジ
**다시 한번 버스 시간도 확인해야지!**

□확인하다：確認する

途中でコンビニに寄ってこの税金も払おう。

05 カ ダ ガ ピョニジョメ トゥルロ イ セグムド ネ ヤ ゲッタ
**가다가 편의점에 들러 이 세금도 내야겠다.**

□가다가：行く途中で □들르다：寄る □세금：税金

ちょっと退社が遅くなるかも知れない。

06 トゥェグ ニ チョム ヌジョジル チ ド モ ル ゲン ネ
**퇴근이 좀 늦어질지도 모르겠네.**

□퇴근(退勤):退社 □늦어지다:遅れる

夕食は会社で食べることになりそうだ。

07 チョニョグン フェ サ エ ソ モッ ケ ドゥェル コッ カッ タ
**저녁은 회사에서 먹게 될 것 같다.**

□저녁:夕食

今度の週末は昇進試験の準備をしなくちゃ。

08 イ ボン チュ マ レ ヌン スンジン シ ホム チュ ン ビ ヘ ヤ ジ
**이번 주말에는 승진 시험 준비해야지!**

□주말:週末 □승진:昇進 □시험:試験 □준비하다:準備する

今日も車に注意、道に注意。

09 オ ヌル ド チャジョシム キルジョシム
**오늘도 차조심! 길조심!**

□차조심:車に注意 □길조심:道に注意

電車がかなり混んでるなあ。

10 チョンチョリ マ ニ ポクチャ パ グ ナ
**전철이 많이 복잡하구나.**

□전철(電鉄):電車 □복잡하다(複雑ー):混んでいる

## 文法POINT

ク ナ
## -구나 : ~(だ)な、~(だ)ね

(形容詞、存在詞などの語幹について)新しく知った事実について感嘆を表す。
#動詞の場合は「**-는구나**」をつける。 ＊81ページ文法POINT参照

キョ ウ レン チョンマル チュプ ク ナ
▷ **겨울엔 정말 춥구나!** 冬は本当に寒いなあ。

イ ヨンファ ド チェ ミ イッ ク ナ
▷ **이 영화도 재미있구나!** この映画も面白いね。

朝から夜寝るまでのひとりごと韓国語

# SCENE 2
# 家事

- ▷ 見送り
- ▷ 食後の片付け
- ▷ 休憩
- ▷ 掃除
- ▷ 洗濯・クリーニング
- ▷ 郵便・宅配便
- ▷ 犬の散歩・ペットの世話
- ▷ 料理
- ▷ スーパーへ買い物
- ▷ ゴミ出し

## 01. 見送り　011

# 子どもたちを起こさなくちゃ。

エ ドゥル ッケウォヤジ
# 애들 깨워야지!

子どもを起こすのは一仕事だ。

エドゥル ッケウヌン ゲ ポトン イリ アニネ
**01** 애들 깨우는 게 보통 일이 아니네.

□**애들**：子どもたち □**깨우다**：起こす □**보통 일이 아니다**：(普通のことではない→)並大抵のことではない

皆、学校に行く準備はちゃんと済ませたかな。

タドゥル ハッキョ ガル チュンビヌン チャル マチョッスルッカ
**02** 다들 학교 갈 준비는 잘 마쳤을까?

□**다들**：(皆たち→)皆 □**마치다**：終わる、終える

ご飯をおいしそうに食べてくれてよかった。

パブル マシッケ モグニ タヘンイダ
**03** 밥을 맛있게 먹으니 다행이다.

□**맛있게**：おいしく □**다행**(多幸)：幸い

明日は遠足の日だから、キムパも用意しなければならないし。

ネイルン ソプンナリニ キムパプト ッサヤ ドゥェゴ
**04** 내일은 소풍날이니 김밥도 싸야 되고!

□**소풍날**：遠足の日 □**김밥**：(海苔ご飯→)キムパ □**싸다**：(包む→)作る

修学旅行の持ち物ももう一度確認しなくちゃ。

スハンニョヘン チュンビムルド タシ ファギネヤジ
**05** 수학여행 준비물도 다시 확인해야지.

□**수학여행**：修学旅行 □**준비물**(準備物)：持ち物 □**확인하다**：確認する

次男が合宿に行くから駅まで送らなくちゃ。

チャグン　エ　ガ　ハプスク　フルリョヌル　カ　ニ　ヨクッカ ジ　テリョ ダ ジュォヤゲッタ
**06 작은 애가 합숙 훈련을 가니 역까지 데려다줘야겠다.**

□**작은 애**：(小さい子→) 次男、次女 □**합숙훈련**：合宿 (訓練) □**데려다주다**：(連れてあげる→) 送る

お弁当のおかずは今日も愛がこもってる。

ト　シ ラク　パンチャヌン　オ ヌル ド　チョンソン　カ ドゥク
**07 도시락 반찬은 오늘도 정성 가득!**

□**도시락**：お弁当 □**반찬**(飯饌)：おかず □**정성**(精誠)：真心 □**가득**：いっぱい

朝は戦場である。

ア　チ　メ ヌン　ハン バ タン　チョンジェンイダ
**08 아침에는 한바탕 전쟁이다!**

□**한바탕**：ひとしきり □**전쟁**：戦争

皆無事に出かけたから、一休みしよう。

モ ドゥ　ム　サ　ヒ　ナ ガッ ス　ニ　ハンスム　トルリョ ヤ ゲッ タ
**09 모두 무사히 나갔으니 한숨 돌려야겠다.**

□**무사히**：無事に □**나가다**：出かける □**한숨 돌리다**：一息つく

家族の世話をするのは簡単じゃない。

カジョクトゥルル　トゥィッパラジ ハ　ギ　ガ　シュィプチ　アン　ネ
**10 가족들을 뒷바라지하기가 쉽지 않네.**

□**뒷바라지하다**：世話をする、面倒を見る □**쉽다**：簡単だ、易しい

## 文法POINT

キ　ガ　シュィプタ
## -기(가) 쉽다：～しやすい、～しがちだ

ある行為をしたり、ある状態になったりする可能性が高いことを表す。

メ モ ルル　ア　ナミョン　イッ キ　ガ　シュィウォ ヨ
▷ **메모를 안 하면 잊기가 쉬워요.**　メモをしなければ忘れがちです。

イ　ユ リ　コプン ッケ ジ　ギ　シュィウル　コ エ ヨ
▷ **이 유리컵은 깨지기 쉬울 거예요.**　このガラスのコップはきっと壊れやすいです。

## 02. 食後の片付け　012

# お皿洗いをしなくちゃ。

ソルゴジルル　ヘヤジ
# 설거지를 해야지!

この食器は油汚れが多いな。

01 イ クルスン キルムッテガ マンネ
이 그릇은 기름때가 많네.

□그릇：器 □기름때：油汚れ

油汚れがちゃんと落ちない。

02 キルムッテガ チャルアン ッパジネ
기름때가 잘 안 빠지네.

□빠지다：抜ける、落ちる

新しく買った洗剤はよく汚れが落ちる。

03 セロ サン ポンポンウン ッテガ チャル ッパジンダ
새로 산 퐁퐁은 때가 잘 빠진다.

□새로：新しく □퐁퐁：洗剤（の商品名）□때：汚れ

きれいな水でもう一度すすがなくちゃ。

04 ッケックタン ムルロ ハン ボン ド ヘングォヤゲッタ
깨끗한 물로 한 번 더 헹궈야겠다.

□깨끗하다：きれいだ □헹구다：すすぐ

忙しいから食洗機を使おう。

05 パップニッカ シッキセチョッキルル トルリョヤゲッタ
바쁘니까 식기세척기를 돌려야겠다.

□식기세척기（食器洗滌機）：食器洗浄機 □돌리다：回す、稼働する

流し台もきれいに拭いておこう。

シンク デ ド ッケックシ タッカ ドゥジャ
06 싱크대도 깨끗이 닦아 두자.

□싱크대：(シンク台→) 流し台 □깨끗이：きれいに □닦다：拭く

前もって常備菜も作っておこう。

ミッパンチャンド ミ リ マンドゥロ ドゥジャ
07 밑반찬도 미리 만들어 두자.

□밑반찬(－飯饌)：(下のおかず→) 常備菜 □두다：置く

残ったおかずはラップをして冷蔵庫に。

ナムン パンチャヌン レブル ッシウォ ネンジャンゴエ
08 남은 반찬은 랩을 씌워 냉장고에!

□남다：残る □랩：ラップ □씌우다：被せる □넣다：入れる

皿洗いが終わったら、気分爽快！

ソルゴジルル マチニ キブニ サンクェヘジンダ
09 설거지를 마치니 기분이 상쾌해진다!

□상쾌해지다：爽やかになる

面倒くさいけどまな板も天日干ししよう。

クィチャンキヌン ハジマン トマド ヘッピョテ マルリョヤゲッタ
10 귀찮기는 하지만 도마도 햇볕에 말려야겠다.

□귀찮다：面倒だ、面倒くさい □도마：まな板 □햇볕：日光 □말리다：干す

文法POINT

キヌン ハジマン
## -기는 하지만 ： ～(する)にはするが

先行節で前提の事柄を取り上げ、後続節で逆のことを述べる。

ヌニ オギヌン ハジマン チュプチヌン アンタ
▷ 눈이 오기는 하지만 춥지는 않다. 雪が降ってはいるが寒くはない。

イ キムチヌン メプキヌン ハジマン マシッソヨ
▷ 이 김치는 맵기는 하지만 맛있어요. このキムチは辛いことは辛いけれどおいしいです。

03. 休憩 013

## 家事は終わりがない。

# チ バン ニ ルン
# 집안일은
# ック チ オム ネ
# 끝이 없네!

ちょっと休んでから仕事しよう。

01 チョグム シュィオッタガ イ レ ヤ ジ
**조금 쉬었다가 일해야지!**

□쉬다：休む □일하다：働く

いい音楽を聴きながらコーヒーを一杯！

02 チョウン ウ マク トゥルミョンソ コ ピ ルル ハンジャン
**좋은 음악 들으면서 커피를 한잔!**

□음악：音楽 □듣다：聴く

肩も凝るし、体のあちこちが痛い。

03 オッケ ド ッポ グ ナ ゴ オン モ ミ ウクシンウク シ ナ ネ
**어깨도 뻐근하고 온몸이 욱신욱신하네.**

□어깨：肩 □뻐끈하다：凝る □온몸：全身 □욱신욱신하다：ずきずきする

ストレッチしてちょっと体をほぐそう。

04 ス トゥレ チン グ ヘ ソ モ ムル チョム プルジャ
**스트레칭해서 몸을 좀 풀자!**

□스트레칭하다：ストレッチする □풀다：ほぐす、ほどく

だれが私の苦労をわかってくれるだろうか。

05 ヌ ガ ネ コ センウル ア ラ ジュリャ
**누가 내 고생을 알아 주랴!**

□고생（苦生）：苦労 □주랴：くれるだろうか、あげようか

本当に一日があっと言う間だ。

06
ハ ル ガ チョンマル ッパル ダ
**하루가 정말 빠르다!**

□**하루**：一日 □**빠르다**：早い、速い

友だちと思う存分おしゃべりでもしようか。

07
チン グ ドゥ ラ ゴ ス ダ ナ ハン バ タン ットルッカ
**친구들하고 수다나 한바탕 떨까!?**

□**수다를 떨다**：おしゃべりをする

ちょっと休んだら元気が出た。

08
チョム シュィオットニ ヒ ミ ナ ネ
**좀 쉬었더니 힘이 나네!**

□**힘이 나다**：(力が出る→) 元気が出る

明日は大型スーパーに行ってみよう。

09
ネ イルン テヒョン マ トゥ エ カ ポ ジャ
**내일은 대형 마트에 가 보자.**

□**대형 마트**：(大型マート→) 大型スーパー

ゆっくり休んだから、また始めることにしよう。

10
プク シュィオッス ニ タ シ シ ジャ カ ギ ロ ハ ジャ
**푹 쉬었으니 다시 시작하기로 하자.**

□**푹**：ぐっすり、ゆっくり □**시작하다**(始作ー)：始める

## 文法POINT

キ ロ ハ ダ
## -기로 하다：～することにする

決定や決心、約束などを表す。

ネ イル パンムルグヮ ネ カ ギ ロ ヘ ヨ
▷ **내일 박물관에 가기로 해요.** 明日博物館に行くことにしましょう。

チョムシムン ハン シ エ モッ キ ロ ヘッ ソ ヨ
▷ **점심은 한시에 먹기로 했어요.** 
お昼は1時に食べることにしました。

## 04. 掃除　014

# 掃除は大変だけど、楽しく！

チョン ソ ヌン ヒムドゥル ジ マン
# 청소는 힘들지만
チュルゴプ ケ
# 즐겁게!

今日はちょっとキッチンの掃除でもやってみようかな。

オ ヌ ルン チュバン チョンソ ラ ド チョム ヘ ボルッカ
01 **오늘은 주방 청소라도 좀 해 볼까.**

□주방：厨房、キッチン

何で部屋がこんなに散らかっているんだ！

ウェン パン イ イ ロ ケ チ ジョ ブ ネ
02 **웬 방이 이렇게 지저분해!**

□웬：どんな、なんという □지저분하다：汚い、汚らしい

久しぶりにちょっとほこりもはたかなくちゃ。

オ レ ガン マ ネ モン ジ ド チョム ト ロ ヤ ゲン ネ
03 **오래간만에 먼지도 좀 털어야겠네.**

□먼지：ほこり □털다：はたく、払いのける

トイレをきれいに使わなくては。

ファジャンシルル ッケックタ ゲ ッソ ヤ ジ
04 **화장실을 깨끗하게 써야지!**

□깨끗하다：きれいだ □쓰다：使う

今日は資源ゴミ出す日だった。

オ ヌル チェファリョン ッス レ ギ ポ リ ヌン ナ リ ジ
05 **오늘 재활용 쓰레기 버리는 날이지.**

□재활용 쓰레기(再活用—)：資源ゴミ □버리다：捨てる、出す

今週の土曜日に大掃除をしよう。

イボン チュ トヨイレ テチョンソルル ハジャ
06 **이번 주 토요일에 대청소를 하자.**

□이번 주：今週 □대청소（大清掃）：大掃除

何日間か掃除ができなかった分、片付けなければならないものが多い。

ミョチル ドンアン チョンソルル モテットニ チウル ケ マンネ
07 **며칠 동안 청소를 못 했더니 치울 게 많네.**

□며칠：何日 □동안：間 □치우다：片付ける

ここは掃除機をかけなければ。

ヨギヌン チョンソギルル トルリョヤゲッタ
08 **여기는 청소기를 돌려야겠다!**

□청소기（清掃機）：掃除機 □돌리다：回す、稼働する

雑巾で拭いたらきれいになるだろう。

コルレロ タックミョン ッケックテジゲッチ
09 **걸레로 닦으면 깨끗해지겠지?**

□걸레：雑巾 □닦다：拭く □깨끗해지다：きれいになる

台所が汚いと言ってたけど、全然きれいじゃん。

プオギ トロプタドニ ッケックタギマン ハネ
10 **부엌이 더럽다더니 깨끗하기만 하네.**

□부엌：台所 □더럽다：汚い

## 文法POINT

キマン ハダ
# -기만 하다：～してばかりいる、全然～だ

ただ、1つの行動だけをしたり、ずっとある状態が続いたりすることを表す。

アム マルド アンコ ウッキマン ヘッソヨ
▷ **아무 말도 않고 웃기만 했어요.** 黙って笑うばかりでした。

オヌルン チュプタドニ ッタットゥタギマン ハネ
▷ **오늘은 춥다더니 따뜻하기만 하네.** 今日は寒いと言ってたけど、全然暖かい。

 015

## 洗濯日和だ。

ツパルレ ハギ チョウン
빨래하기 좋은
ナルッシダ
날씨다!

天気がよくて、洗濯物がよく乾きそう。

ナルッシガ チョア ッパルレガ チャル マルゲッタ
01 날씨가 좋아 빨래가 잘 마르겠다.

□빨래：洗濯（物） □마르다：乾かす

普通に手洗いしよう。

クニャン ソンッパルレロ ヘヤゲッタ
02 그냥 손빨래로 해야겠다.

□그냥：そのまま □손빨래：手洗い

これは洗濯機で洗おう。

イゴン セタッキルル トルリョヤジ
03 이건 세탁기를 돌려야지.

□세탁기：洗濯機 □돌리다：回す、稼働する

天気がよくないから乾燥機にかけよう。

ナルッシガ アンジョウニ コンジョギルル トルリョヤゲッタ
04 날씨가 안 좋으니 건조기를 돌려야겠다.

□건조기：乾燥機

天気がいいとき、洗濯物を干そう。

ヘガ チョウルッテ ッパルレルル ノルジャ
05 해가 좋을 때 빨래를 널자.

□해：太陽 □널다：干す

日が暮れる前に洗濯物を取り込もう。

ヘ ガ チ ギ ジョネ ッパルレルル コ ドゥリジャ
06 해가 지기 전에 빨래를 걷어들이자.

□**지다**：(日が)暮れる □**걷어들이다**：取り込む

やっぱりこの服はクリーニングに出さなくちゃ。

ヨクシ イ オスン トゥラ イルル マッキョ ヤ ゲッタ
07 역시 이 옷은 드라이를 맡겨야겠다.

□**역시**(亦是)：やはり □**드라이**：ドライ（クリーニング） □**맡기다**：預ける

クリーニングに出した服を取りに行かなくちゃ。

トゥ ラ イクルリニン チュ ノッ チャジャ ワ ヤ ジ
08 드라이클리닝 준 옷 찾아 와야지.

□**드라이클리닝**：ドライクリーニング □**주다**：あげる、出す □**찾다**：探す、取る

この毛布はかさばるから、コインランドリーに行こう。

イ タムニョヌン プ ピ ガ ク ニ ッパルレバンエ カ ヤ ゲッ タ
09 이 담요는 부피가 크니 빨래방에 가야겠다.

□**담요**：毛布 □**부피**：体積、嵩 □**빨래방**：コインランドリー

今日は雨が降らないよう祈るばかりだ。

オ ヌルン ピ ガ オ ジ アンキ ルル パ ラル ップ ニ ダ
10 오늘은 비가 오지 않기를 바랄 뿐이다.

□**바라다**：願う、祈る

## 文法POINT

キ ルル パ ラ ダ
## -기(를) 바라다 ：～してほしい、～することを願う

相手の行動・状態の変化を希望する場合に使う。

トゥル サ イ ガ チョ ア ジ ギル パ ラル ップ ニ ダ
▷ 둘 사이가 좋아지길 바랄 뿐이다.　2人が仲良くなることを祈るばかりだ。

ットゥタヌン イ リ チャル イ ル オ ジ ギル パ ラム ニ ダ
▷ 뜻하는 일이 잘 이루어지길 바랍니다.　望むことが全部うまく行くように願っています。

06. 郵便・宅配便 016

郵便ポストにこの手紙を出そう。

ウ チェトン エ
# 우체통에
イ ピョンジルル ノチャ
# 이 편지를 넣자!

今、切手はいくらだったっけ。

ヨジュム ウピョガ オルマジ
01 **요즘 우표가 얼마지?**

□우표(郵票):切手

封筒に切手を貼らなくちゃ。

ポントゥエ ウピョルル プチョヤジ
02 **봉투에 우표를 붙여야지!**

□봉투(封套):封筒 □붙이다:貼る

宅配便が来た。ハンコはどこだったかな。

テクペガ ワンネ トジャンイ オディ イッチ
03 **택배가 왔네. 도장이 어디 있지?**

□택배(宅配):宅配便 □도장(図章):ハンコ、印鑑

お母さんが送ってくれたごま油だ!

オムマガ ポネ ジュシン チャムギルミグナ
04 **엄마가 보내 주신 참기름이구나.**

□참기름:ごま油

この小包を韓国まで送ったらいくらになるかな。

イ ソポルル ハングクッカジ ポネミョン オルマイルッカ
05 **이 소포를 한국까지 보내면 얼마일까?**

□소포:小包 □보내다:送る、出す

この宅配便の箱はとても持ちやすくできているね。

イ テク ペ サンジャヌン チャム トゥルギ シュィプケトゥェオ イン ネ
06 **이 택배 상자는 참 들기 쉽게 되어 있네.**

□**상자**（箱子）：箱 □**들다**：持つ

郵便局の宅配便と一般の宅配便はどっちの方が安いだろう？

ウ チェグク テク ペ ワ イルバン テク ペ ヌン オ ヌ ゲ ト ッサルッカ
07 **우체국 택배와 일반 택배는 어느 게 더 쌀까?**

□**우체국**（郵遞局）：郵便局 □**일반**：一般 □**싸다**：安い

この間送った宅配はちゃんと届いたんだろうか。

チ ナン ボ ネ ポ ネン テク ペ ヌン チャル ト チャケッスルッカ
08 **지난번에 보낸 택배는 잘 도착했을까?**

□**지난번**：この間、先日 □**도착하다**：到着する

郵便局に行って書留で送ろう。

ウ チェグ ゲ カ ソ トゥンギロ ポ ネ ヤ ゲッタ
09 **우체국에 가서 등기로 보내야겠다.**

□**등기**（登記）：書留

郵送するより今度直接渡そう。

ウ ソン ハ ギ ボ ダ タ ウ メ チクチョプ チョ ネ ジュジャ
10 **우송하기보다 다음에 직접 전해 주자!**

□**우송하다**：郵送する □**직접**：直接 □**전하다**（伝―）：伝える、渡す

## 文法POINT

キ ボ タ
## -기보다 ： ～するより

あることをするよりは他のことを勧めるときに使う。

オ ヌル カ ギ ボ ダ ネ イル カ ヌン ゲ チョケッ チ
▷ **오늘 가기보다 내일 가는 게 좋겠지.** 今日行くよりは明日行った方がいいだろう。

チ グム シュィギボダ イッタガ シュィ オ ヨ
▷ **지금 쉬기보다 이따가 쉬어요.** 今休むより後で休みましょう。

## 07. 犬の散歩・ペットの世話 017

# うちのワンちゃん、最高！

ウ リ カン ア ジ チェ ゴ
# 우리 강아지 최고!

うちのワンちゃんと近所を一回り。

ウ リ ジㇷ カン ア ジ ワ トン ネ ハン バ クィ
01 **우리집 강아지와 동네 한바퀴!**

□강아지：子犬、ワンちゃん □동네：近所、町 □한바퀴：一周

今日は公園の噴水まで行ってみよう。

オ ヌ ルン コンウォン プン ス デ ッカ ジ カ ボ ジャ
02 **오늘은 공원 분수대까지 가 보자.**

□분수대：噴水台

体に何かできてる。病院に行ってみなくちゃ。

モ メ ムォ ガ センギョンネ ピョンウォネ テ リョ ガ ボヮ ヤ ジ
03 **몸에 뭐가 생겼네. 병원에 데려가 봐야지.**

□생기다：できる □데려가다：連れていく

久しぶりにシャワーしてあげよう。

オ レ ガン マ ネ シャウォ シ キョ ジュジャ
04 **오래간만에 샤워 시켜 주자.**

□오래간만에：久しぶりに □샤워：シャワー

こいつ、ウンチしたがってるな。

イ ニョソㇰ ットン ヌ ゴ シ ポ ハ ヌン グ ナ
05 **이 녀석 똥 누고 싶어 하는구나!**

□녀석：やつ □똥(을) 누다：ウンチをする

うちの猫ちゃんのご飯の時間だ。

ウリ ナビ パム モグル シガニネ
06 우리 나비 밥 먹을 시간이네.

□나비：猫を指したり、呼んだりするとき用いる語 □밥：ご飯、えさ

砂を取り替えてあげよう。

モレルル パックォ ジュジャ
07 모래를 바꿔 주자.

□모래：砂 □바꾸다：変える、取り替える

ペットとしてはやっぱり猫が一番だよ。

パルリョドンムル ロ ヨクシ コヤンイ ガ チェゴ ヤ
08 반려동물로 역시 고양이가 최고야!

□반려동물(伴侶動物)：ペット □최고：最高

歯磨きをしてあげないとな。

ヤンチジルル シキョ ジュォヤゲックナ
09 양치질을 시켜 줘야겠구나.

□양치질(養歯ー)：歯磨き

猫を飼い始めてからは旅行にも行けなかった。

コヤンイルル キウギ シジャカン フロ ヨヘンド モッ カンネ
10 고양이를 키우기 시작한 후로 여행도 못 갔네.

□키우다：育てる、飼う □후로(後ー)：後で

## 文法POINT

キ シジャカダ
### -기 시작하다 : ～し始める

ある出来事がスタートしたことを表す。

カプチャギ ピガ オギ シジャカネ
▷ 갑자기 비가 오기 시작하네. 急に雨が降り出したね。

スハン ムンジェルル プルギ シジャケッタ
▷ 수학 문제를 풀기 시작했다. 数学の問題を解き始めた。

08. 料理　018

## キムチ鍋を作ってみようかな。

キ ム チ ッチ ゲ ル ル
# 김치찌개를
マ ン ド ゥ ロ　ボ ル ッ カ
# 만들어 볼까!

今日は何を作って食べようかな。

オ ヌ ルン ムォル マンドゥ ロ モク チ
01 **오늘은 뭘 만들어 먹지?**

□만들다：作る

夕食は鶏肉料理を作ってみようかな。

チョニョゲン タク コ ギ ヨ リ ルル ヘ ボルッカ ナ
02 **저녁엔 닭고기 요리를 해 볼까나!?**

□닭고기：鶏肉 □볼까나：見ようかな

レシピを見れば作れないものはない。

レ シ ピ ルル ポミョン モン マンドゥル コッ オプ チ
03 **레시피를 보면 못 만들 것 없지.**

□레시피：レシピ

新しい料理に挑戦してみよう。

セ ロウン ウムシ ゲ トジョネ ボジャ
04 **새로운 음식에 도전해 보자!**

□새로운：新しい… □음식（飲食）：料理 □도전하다：挑戦する

今日の夕食はぴり辛料理を作ってみよう。

オ ヌル チョニョゲン メ コマン ヨ リ ルル マンドゥ ロ ボ ジャ
05 **오늘 저녁엔 매콤한 요리를 만들어 보자.**

□매콤하다：ぴりっとする

たまには海鮮鍋もいいだろう。

カックムン センソンッチゲド クェンチャンケッチ
06 가끔은 생선찌개도 괜찮겠지.

□가끔은：たまには □생선찌개（生鮮－）：海鮮鍋

誕生日の料理は何にすればいいかな。

センイルサンウン ムォル ロ チャリミョン チョウルッカ
07 생일상은 뭘로 차리면 좋을까?

□생일상（生日床）：誕生日の料理 □뭘로：何に □차리다：食事を用意する

適当に作ったけど、そこそこおいしい。

テチュン マンドゥロンヌンデド マシ クロル トゥタネ
08 대충 만들었는데도 맛이 그럴 듯하네.

□대충：適当に □그럴 듯하다：なかなかだ

いやー、これはほっぺたが落ちそうだ。

ヤ イゴン トゥリ モクタガ ハナガ チュゴド モルゲッタ
09 야, 이건 둘이 먹다가 하나가 죽어도 모르겠다.

□둘이 먹다가 하나가 죽어도 모르겠다：（2人で食べていて1人が死んでもわからない→）ほっぺたが落ちそうだ

食べたくないから、もうやめておこう。

モッキ シルニッカ クマン モクチャ
10 먹기 싫으니까 그만 먹자.

□그만：その辺で（…やめる）

文法POINT

キ シルタ
## -기 싫다：～したくない

自分がやりたくないことを表すときに使う。

チグム ピガ ワソ カギ シロヨ
▷ 지금 비가 와서 가기 싫어요. 今は雨が降っているから行きたくありません。

コンブハギ シロド ヨルシミ ヘヤジ
▷ 공부하기 싫어도 열심히 해야지. 勉強したくなくても一生懸命やらなくちゃ。

## 09. スーパーへ買い物 019

# 夕食のメニューは何にしよう？

チョニョン　メニュヌン
# 저녁 메뉴는
ムォルロ　ハルッカ
# 뭘로 할까!?

冷蔵庫の中をもう一度チェック。

ネンジャンゴ アヌル タシ ハンボン チェク
**01 냉장고 안을 다시 한번 체크!**

□냉장고 : 冷蔵庫

財布とカゴをちゃんと持って行かないと。

チ ガプクヮ チャンバ グ ニ ルル チャル チェンギョ ヤ ジ
**02 지갑과 장바구니를 잘 챙겨야지!**

□장바구니 : 買い物カゴ □챙기다 : 用意する

やはり旬の食べ物が一番だ。

ヨクシ チェチョル ウムシ ギ チェ ゴ ヤ
**03 역시 제철 음식이 최고야!**

□제철 : 旬の

このスーパーは他のスーパーの半額だ。

イ シュポヌン タルン シュポ エ パンカプ シ ネ
**04 이 슈퍼는 다른 슈퍼의 반값이네.**

□반값 (半ー) : 半額

食材が新鮮なうちに、料理を作らなくちゃ。

チェリョ ガ シンシンハル ッテ ウム シ グル マンドゥ ロ ヤ ジ
**05 재료가 싱싱할 때 음식을 만들어야지.**

□재료 : 材料 □싱싱하다 : 新鮮だ

調味料はどこのコーナーにあるんだろう?

06 チョミリョヌン オヌ コノエ イッスルッカ
조미료는 어느 코너에 있을까?

□조미료 : 調味料 □코너 : コーナー

このポイントを全部使いきらなくちゃ。

07 イ ポイントゥルル タ ッソ ポリョヤゲッタ
이 포인트를 다 써 버려야겠다!

□포인트 : ポイント

あ、タイムセールが始まった。

08 ア タイムセイリ シジャクドゥェックナ
아, 타임세일이 시작됐구나.

□타임세일 : タイムセール □시작되다(始作ー) : 始まる

ついでに醤油も余分に買っておこう。

09 サヌン ギメ カンジャンド ヨユ イッケ サ ドゥジャ
사는 김에 간장도 여유 있게 사 두자.

□사는 김에 : 買うついでに □간장 : 醤油 □여유 : 余裕

料理の仕方によって味がだいぶ違うな。

10 ヨリハギエ ッタラ マシ マニ タルネ
요리하기에 따라 맛이 많이 다르네.

□맛 : 味 □다르다 : 違う

文法POINT

キエ ッタラ
## -기에 따라 : ~し方によって、~し方次第で

先行節の行動によって結果が変わりうることを表す。

▷ センガカギエ ッタラ オリョウル スド イッタ
생각하기에 따라 어려울 수도 있다. 考えようによっては難しくもある。

▷ マウムモッキエ ッタラ インセンイ タルラジジ
마음먹기에 따라 인생이 달라지지. 心の持ちようによって人生が変わる。

10. ゴミ出し　020

ごみを出さなくちゃ。

ッスレギルル　ポリョヤジ
# 쓰레기를 버려야지!

今日は生ごみを出す日。

01 オヌルン ウムシンムル ッスレギ ポリヌン ナル
오늘은 음식물 쓰레기 버리는 날.

□음식물 쓰레기 (飲食物ー)：生ごみ

今日は分別収集する日だ！

02 オヌルン プルリスゴハヌン ナリグナ
오늘은 분리수거하는 날이구나!

□분리수거 (分離収去)：分別収集 □날：日

これは何でできているんだろう。迷っちゃうな。

03 イゴン ムォルロ マンドゥロッスルッカ ヘッカルリネ
이건 뭘로 만들었을까? 헷갈리네.

□헷갈리다：こんがらがる

ごみ当番をするのもなかなか大変だ。

04 ッスレギ タンボヌル ハヌン ゴット マンマンチ アンネ
쓰레기 당번을 하는 것도 만만치 않네.

□당번：当番 □만만치 않다：ままならない

木の枝を切ったのを捨てなくちゃ。

05 ナムッカジ チャルン ゴッ ポリョヤゲッタ
나뭇가지 자른 것 버려야겠다!

□나뭇가지：木の枝 □자르다：切る

1週間分のごみの量が半端ない。

イルチュイル チ ッスレ ギヤン イ オムチョン ナ ネ
06 **일주일치 쓰레기양이 엄청나네!**

□일주일치(一週日一):1週間の分量 □쓰레기양(一量):ごみの量 □엄청나다:すごい

紙と段ボールは今日出せばいいね。

チョン イ ワ テクペ サンジャヌン オ ヌル ポ リミョンドゥェジ
07 **종이와 택배 상자는 오늘 버리면 되지.**

□종이:紙 □택배 상자(宅配箱子):段ボール

誰かが変な風に捨ててる。

ヌ グン ガ ガ オンマンジンチャンウロ ポリョンネ
08 **누군가가 엉망진창으로 버렸네.**

□누군가가:誰かが □엉망진창:めちゃくちゃ

ごみを出したら、すっきりした。

ッスレ ギ ポ リ ゴ ナ ニ シウォナ ネ
09 **쓰레기 버리고 나니 시원하네.**

□시원하다:すっきりする

果物の皮は肥料にするためにためておこう。

クヮイル ッコプチ ルン コ ル ムル マンドゥルギ ウィ ヘ モ ア ドゥジャ
10 **과일 껍질은 거름을 만들기 위해 모아 두자.**

□과일:果物 □껍질:皮 □거름:肥料、肥し □모으다:集める、ためる

文法POINT

キ ウィ ヘ ソ
## -기 위해(서):~するために

目的や意図を表す。

チン グ ルル マン ナ ギ ウィ ヘ ソ カ ペ エ カッ ソ ヨ
▷ **친구를 만나기 위해서 카페에 갔어요.** 友だちに会うためカフェに行きました。

チャンハック ムル パッ キ ウィ ヘ ヨル シ ミ コン ブ ヘッ ソ ヨ
▷ **장학금을 받기 위해 열심히 공부했어요.** 奨学金をもらうため一生懸命勉強しました。

朝から夜寝るまでのひとりごと韓国語

# SCENE 3
# 出勤

▷ 出勤の準備
▷ 家から駅まで
▷ 駅で・バス停で
▷ 電車に乗る・電車の中で
▷ 携帯の確認
▷ 車内・車窓の風景
▷ 駅構内
▷ 運転
▷ 駅から会社まで
▷ 到着、コーヒーを一杯

## 01. 出勤の準備 021

# 出勤のついでにコンビニに寄ってみよう。

チュルグン キレ
# 출근 길에
ピョニジョメ トゥルロ ボジャ
# 편의점에 들러 보자!

会議の書類をもう一度見てみよう。

フェイ ソリュルル タシ ハンボン ト ポジャ
01 **회의 서류를 다시 한번 더 보자!**

□회의：会議 □서류：書類

雨が降りそうなので傘を持って行かなくちゃ。

ピガ オルコッ カトゥニッカ ウサヌル チェンギョヤジ
02 **비가 올 것 같으니까 우산을 챙겨야지.**

□우산(雨傘)：傘 □챙기다：ちゃんと用意する

今日はいつもより1本遅いバスに乗ろう。

オヌルン ピョンソボダ ポスルル ハナ ヌッチュオ タジャ
03 **오늘은 평소보다 버스를 하나 늦추어 타자!**

□평소(平素)：ふだん □늦추다：遅らせる

たくさん歩くから、楽な靴を履いて行こう。

マニ コルル テニ ピョナン シンバルル シンコ カジャ
04 **많이 걸을 테니 편한 신발을 신고 가자!**

□-(으)ㄹ 테니：～するはずなので □편하다：楽だ

携帯と財布を忘れないようにしなくちゃ。

ヒュデポナゴ チガブル イッチ マラヤジ
05 **휴대폰하고 지갑을 잊지 말아야지.**

□휴대폰：携帯電話 □지갑(紙匣)：財布

雨が降っているからタクシーに乗って行こうかな。

ピガ オ ニッカ テクシルル タゴ カルッカ
06 **비가 오니까 택시를 타고 갈까?**

□-(으)ㄹ까?：～しようか

今日の夕食は会社で食べることになりそうだ。

オヌル チョニョグン フェサエソ モグル コッ カッタ
07 **오늘 저녁은 회사에서 먹을 것 같다.**

□-(으)ㄹ 것 같다：～しそうだ

今晩友だちと約束があったな。

チョニョゲン チングドゥラゴ ヤクソギ イッソッチ
08 **저녁엔 친구들하고 약속이 있었지!**

□약속：約束

今日も明るい気持ちで元気よく出発！

オヌルド パルグン マウムロ ヒムチャゲ チュルバル
09 **오늘도 밝은 마음으로 힘차게 출발!**

□밝다：明るい □힘차다：元気がいい □출발：出発

会社に行く前にコンビニに寄らなくては。

フェサエ カギ ジョネ ピョニジョメ トゥルロヤゲッタ
10 **회사에 가기 전에 편의점에 들러야겠다.**

□들르다：寄る

文法POINT

キ ジョネ
## -기 전에 ：～する前に

先行節の事実より先に行われることを表す。

チャギ ジョネ クルレシク ウマグル トゥロッタ
▷ **자기 전에 클래식 음악을 들었다.** 寝る前にクラシック音楽を聞いた。

パブル モッキ ジョネ ッケックタゲ ソヌル ッシソラ
▷ **밥을 먹기 전에 깨끗하게 손을 씻어라.** ご飯を食べる前に手をきれいに洗いなさい。

## 02. 家から駅まで　022

# お隣さんの庭のバラが満開だ！

ヨプチプ　マダンエ
**옆집 마당에**
チャンミガ　マンバレンネ
**장미가 만발했네!**

雨が降りそうだ。あ、カッパを持ってくるのを忘れちゃった。

ピガ オル コッ カトゥンデ　ア　ピオスル アン ガジゴ ワンネ
**01 비가 올 것 같은데! 아, 비옷을 안 가지고 왔네.**

□비옷：カッパ、レインコート

ちゃんと戸締り、火の始末はやったよね。

ムンダンソク　プルダンソグン チェデロ ヘッチ
**02 문단속, 불단속은 제대로 했지!?**

□문단속（門団束）：戸締り　□불단속（ー団束）：（火の取り締まり→）：火の用心

今日も元気よく会社へGO！

オヌルド ヒムチャゲ フェサロ ゴ
**03 오늘도 힘차게 회사로 고!**

□힘차게：元気よく　□고：（go→）ゴー

自販機で飲み物を1つ買おうかな。

チャパンギエソ マシル コッ ハナ ッポブルッカ
**04 자판기에서 마실 것 하나 뽑을까?**

□자판기：自販機　□마실 것：飲み物　□뽑다：抜く、（自販機で）買う

あ、バスが来た。今日は時間通りに来たよ。

ア　ポス オンダ　オヌルン チェシガネ オネ
**05 아, 버스 온다. 오늘은 제시간에 오네!**

□제시간：定時、定刻

あ、スマートフォンを忘れた。家に戻らなくちゃ。

ア　スマトゥポン トゥゴ ワンネ　チベ トラガヤゲッタ
06 아! 스마트폰 두고 왔네. 집에 돌아가야겠다.

□스마트폰：スマートフォン □돌아가다：帰る、帰っていく

今行けばいつもの電車に乗ることができそうだ。

チグム カミョン ヌル タドン チョンチョル タル ス イッケッチ
07 지금 가면 늘 타던 전철 탈 수 있겠지.

□늘：いつも

まあ今日は駅まで歩くことにするか。

オヌルン クニャン ヨッカジ コロガヤゲッタ
08 오늘은 그냥 역까지 걸어가야겠다.

□걸어가다：歩いていく

ついに桜が満開だ！春、春、春！

トゥディオ ポッコチ マンゲヘンネ　ポム ポム ポム
09 드디어 벚꽃이 만개했네! 봄, 봄, 봄!

□드디어：とうとう □벚꽃：桜 □만개하다：満開だ

靴をすぐ履けるように早めに出しておかなくちゃ。

シンバルル シンキ ジョケ ミリ ネヌヮヤゲックナ
10 신발을 신기 좋게 미리 내놔야겠구나!

□신발：靴 □신다：履く □내놓다：出しておく

## 文法POINT

キ ジョタ
## -기 좋다：～しやすい

ある行動や状態が簡単に行われることを表す。

ックヌル プルギ ジョケ ムッコ ドゥオッソヨ
▷ 끈을 풀기 좋게 묶어 두었어요.　紐がすぐほどけるように縛っておきました。

クギガ アルマジャ モッキ ジョタ
▷ 크기가 알맞아 먹기 좋다.　程良い大きさで食べやすい。

## 03. 駅で・バス停で　023

# 電車は早くて便利だ！

チョンチョルン
# 전철은
ッパルゴ　ピョルリヘ
# 빠르고 편리해!

やっと電車が来た。

トゥディオ　チョンチョリ　トゥロオンダ
01 **드디어 전철이 들어온다.**

□드디어：とうとう、やがて　□들어오다：入る、入って来る

よかった。今日は遅刻せずに済む。

タヘンイダ　オヌルン　チガㇰ　ア　ナゲッタ
02 **다행이다. 오늘은 지각 안 하겠다.**

□다행이다（多幸－）：幸いだ　□지각：遅刻

定期券は明日買わなくちゃ。

チョンギクォヌン　ネイル　サヤジ
03 **정기권은 내일 사야지.**

□정기권：定期券

ラッシュアワーでもないのに何で混んでいるんだろう。

ロシアウォド　アニンデ　ウェ　ポㇰチャパジ
04 **러시아워도 아닌데 왜 복잡하지.**

□러시아워：ラッシュアワー

席に座れたら楽なんだけど。

チャリエ　アンジュル　ス　イッスミョン　ピョナル　テンデ
05 **자리에 앉을 수 있으면 편할 텐데.**

□자리：席　□편하다（便－）：楽だ

**通勤時間帯はものすごく混むな。**

チュルグン シ ガヌン コンナムルシ ル ガンネ
06 **출근 시간은 콩나물시루 같네.**

□출근 시간：出勤時間、出社時刻 □콩나물시루 같다：(ダイズもやしの甑(こしき)のようだ→)ものすごく混み合う

**電車はのろのろ運転だし。**

チョンチョルン コブギコルムル ハゴ
07 **전철은 거북이걸음을 하고!**

□거북이걸음：(カメの歩み→) のろのろ運転

**人々の服装がだいぶ変わった。**

サラムドゥル オッチャリミ マニ タルラジョンネ
08 **사람들 옷차림이 많이 달라졌네.**

□옷차림：服装、身なり □달라지다：変わる、変化する

**エスカレーターは混んでるから、健康のために階段で。**

エスコルレイトヌン ポクチャパニ コンガンウル ウィヘソ ケダヌロ
09 **에스컬레이터는 복잡하니, 건강을 위해서 계단으로!**

□복잡하다 (複雑ー)：混む □계단：階段

**この電車は混みすぎて大変だ。**

イ チョンチョルン ノム プムビョソ タギ ヒムドゥルゲンネ
10 **이 전철은 너무 붐벼서 타기 힘들겠네.**

□붐비다：混む、混みあう □힘들다：大変だ

## 文法POINT

キ ヒムドゥルダ
## -기 힘들다：～しにくい

あることをするのが難しいということを表す。

イ ノレヌン プルギ ヒムドゥロッソヨ
▷ **이 노래는 부르기 힘들었어요.** この歌は歌いにくかったです。

ク サラム マルン ミッキ ヒムドゥロヨ
▷ **그 사람 말은 믿기 힘들어요.** 彼の話は信じがたいです。

## 04. 電車に乗る・電車の中で 024

# ああ、座りたい。

ア アンコ シプタ
# 아! 앉고 싶다!

とりあえず乗ってみよう。

01 イルタン タゴ ボジャ
**일단 타고 보자!**

□일단(一旦):一応、とりあえず

奥に入らなければ。

02 アンチョグロ トゥロガヤゲッタ
**안쪽으로 들어가야겠다.**

□안쪽:奥、内側 □들어가다:入る、入って行く

今朝はだいぶゆっくり走るな。

03 オヌル アチメン ックェナ ヌリゲ カネ
**오늘 아침엔 꽤나 느리게 가네.**

□꽤나:かなり □느리다:遅い

あの人がもうすぐ降りそうだ。

04 チョ サラミ コン ネリル コッ カンネ
**저 사람이 곧 내릴 것 같네.**

□곧:すぐ、間もなく □내리다:降りる

もうやっと座れた。

05 イジェ キョウ アンジュル ス イッケ ドゥェタ
**이제 겨우 앉을 수 있게 됐다.**

□이제:もう、ただいま □겨우:やっと

少しでも眠っておかなくちゃ。

チャムッカニ ラ ド チョルミョンソ カ ヤ ゲッ タ
06 잠깐이라도 졸면서 가야겠다.

□잠깐이라도：ちょっとでも □졸다：居眠りする

もう着くな。降りる準備をしよう。

ポルッソ タ ワン ネ ネ リル チュンビルル ハ ジャ
07 벌써 다 왔네. 내릴 준비를 하자.

□벌써：もう □다 오다：(全部来る→) 着く、到着する

早く降りて急いで行かなくちゃ。

ッパル リ ネ リョ ソドゥルロ カ ヤ ゲッ タ
08 빨리 내려 서둘러 가야겠다.

□서두르다：急ぐ

ちょっと早いからゆっくり歩いても間に合いそう。

チョム イ ル ニ チョンチョ ニ コ ロ ド ドゥェゲッチ
09 좀 이르니 천천히 걸어도 되겠지.

□이르다：早い □천천히：ゆっくり

通勤時間帯に電車をもっと増やすらしいからよかったよ。

チュルグン シ ガン デ エ チョンチョルル ト ヌルリン ダ ニ タ ヘン イ ダ
10 출근 시간대에 전철을 더 늘린다니 다행이다.

□시간대：時間帯 □늘리다：増やす

## 文法POINT

ン ヌン ダ ニ ッカ
## -ㄴ/는다니(까)：～するというから

他の人から聞いたことを判断の根拠とすることを表す。

ネ イ ルン フェ サ エ アン ガン ダ ニ チャルドゥェンネ
▷ 내일은 회사에 안 간다니 잘됐네.
明日は会社に行かないらしいから、よかったよ。

メ イル キム チ ルル モンヌン ダ ニ ッカ テ ダ ナ ダ
▷ 매일 김치를 먹는다니까 대단하다.
毎日、キムチを食べるなんてすごいね。

05. 携帯の確認　025

# 携帯の確認。

ヒュデポン
# 휴대폰
ファギネ ボヮヤジ
# 확인해 봐야지!

大事な連絡はなかったかな。

クサイエ チュンヨ ハン ヨルラグン オプソッスルッカ
01 그사이에 중요한 연락은 없었을까?

□그사이：その間 □중요하다：重要だ □연락：連絡

あ、バッテリーがあまり残ってない。

ア ペトリガ オルマ アン ナマンネ
02 아, 배터리가 얼마 안 남았네.

□배터리：バッテリー □얼마：いくらか、ちょっと、わずか □남다：残る

なんで電源が入らないのかな。

ウェ チョヌォニ アン ドゥロオルッカ
03 왜 전원이 안 들어올까!?

□전원：電源 □들어오다：入る、入ってくる

電波の状態があまりよくないみたいだ。

チョンパ サンテガ ピョルロ アン ジョウン モヤンイネ
04 전파 상태가 별로 안 좋은 모양이네.

□전파：電波 □상태：状態 □별로（別ー）：あまり □모양이다（模様ー）：～ようである

会社に着いたら携帯の充電をしなくちゃ。

フェサエ カミョン ポン チュンジョヌル ヘヤゲンネ
05 회사에 가면 폰 충전을 해야겠네.

□폰：フォン、携帯電話 □충전：充電

インターネット検索をしてみなくちゃ。

06 イントネッ コムセ ケ ボヮ ヤゲッタ
**인터넷 검색해 봐야겠다!**

□검색하다：検索する

Eメールも確認してみよう。

07 イ メ イル ド ファギ ネ ボジャ
**이메일도 확인해 보자.**

□확인하다：確認する

友だちに携帯メールを送らなくちゃ。

08 チング ハンテ ムンチャ ポ ネ ヤ ジ
**친구한테 문자 보내야지.**

□문자（文字）：携帯のメール □보내다：送る

スマートフォンでドイツ語の勉強でもしてみようかな。

09 ス マトゥポ ヌ ロ ト ギ ロ ゴンブ ラ ド ヘ ボルッカ
**스마트폰으로 독일어 공부라도 해 볼까!?**

□스마트폰：スマートフォン □독일어（独逸語）：ドイツ語

Wi-Fiが使えたらいいんだけど。

10 ワ イ パ イ ガ チャル ト ジン ダミョン チョウル テン デ
**와이파이가 잘 터진다면 좋을 텐데.**

□터지다：（電波が）つながる

## 文法POINT

ン ヌン ダ ミョン
### -ㄴ/는다면 ： ～するなら

仮定の事実について、後続節の行為や状態の条件を表す。

▷ ネ ガ カンダミョン ナ ド カル コ ヤ
**네가 간다면 나도 갈 거야.** お前が行くならおれも行くよ。

▷ ア チムル チェ デ ロ モンヌンダミョン チョウル テン デ
**아침을 제대로 먹는다면 좋을 텐데.** 朝ご飯をちゃんと食べたらいいんだけど。

## 06. 車内・車窓の風景 026

# ここ最近広告がだいぶ変わったな。

クセ クヮンゴガ
# 그새 광고가

マニ パックィオンネ
# 많이 바뀌었네.

電車は満員だ。奥の方はもう少し空いていそうだ。

チョンチョルン マヌォニネ アンッチョグン チョム トル ポクチャパゲッチ

01 **전철은 만원이네. 안쪽은 좀 덜 복잡하겠지!**

□만원：満員 □덜：少なく、少なめに

混みすぎて、つり革にもつかまれないよ。

ノム ポクチャペソ ソンジャビド チャプル ス オムネ

02 **너무 복잡해서 손잡이도 잡을 수 없네!**

□손잡이：つり革 □잡다：つかむ、つかまえる

この車両はちょっと冷房が弱いな。

イ カヌン ネンバンイ チョム ヤカネ

03 **이 칸은 냉방이 좀 약하네.**

□칸：(電車の) 車両 □냉방：冷房 □약하다 (弱−)：弱い

皆静かに携帯電話だけ見ているよ。

タドゥル チョヨンヒ ヒュデポンマン ポゴ イックナ

04 **다들 조용히 휴대폰만 보고 있구나.**

□다들：(皆たち→) 皆 □조용히：静かに

次の駅で乗り換えなくちゃ。

タウム ヨゲソ カラタヤジ

05 **다음 역에서 갈아타야지!**

□갈아타다：乗り換える

この駅でも大勢乗り降りするんだ。

イ ヨゲソド マニドゥル タゴ ネリネ
06 이 역에서도 많이들 타고 내리네.

□많이들：(たくさんたち→) たくさん

お腹からぐう～と音がする。

ペエソ ッコルル ソリガ ナネ
07 배에서 꼬르르 소리가 나네!

□꼬르르：ぐうぐう □소리가 나다：音がする

この街は暮らしやすそうだな。引っ越して来たい。

イ トンネヌン サルギ ジョウル コッ カンネ イサ オゴ シプタ
08 이 동네는 살기 좋을 것 같네. 이사 오고 싶다.

□이사 오다：(引っ越し来る→) 引っ越しする

どっちの扉が開くんだろう。右の扉かな？

オヌ ッチョク ムニ ヨルリジ オルンッチョク ムニンガ
09 어느 쪽 문이 열리지? 오른쪽 문인가?

□어느 쪽：どっち □오른쪽：右側

このコンビニは6時に開くはずなのに、何でまだ閉まってるんだ？

イ ピョニジョムン ヨソッシエ ムヌル ヨンダミョンソ ウェ アジク タチョ イッチ
10 이 편의점은 6시에 문을 연다면서 왜 아직 닫혀 있지?

□열다：開く □닫히다：閉まる

## 文法POINT

ン ヌンダミョンソ
### -ㄴ/는다면서：～すると言いながら、～すると言って

あることを話すと同時に、また、別の行動や発言をすることを表す。

コンウォネ カンダミョンソ アッカ ナガッタ
▷ 공원에 간다면서 아까 나갔다. 公園に行くと言ってさっき出かけた。

チキヌル モンヌンダミョンソ サロ ガッタ
▷ 치킨을 먹는다면서 사러 갔다. チキンを食べると言って、買いに出かけた。

07. 駅構内 027

# 階段で行こう。

ケ ダ ヌ ロ
계단으로
コ ロ ガ ジャ
걸어가자!

今日はあっちの出口を使おう。

オ ヌ ルンチョッチョクチュルグ ロ ナ ガ ヤ ゲッ タ
01 오늘은 저쪽 출구로 나가야겠다.

□저쪽：あっち □출구：出口

交通カードもチャージしなくちゃ。

キョトン カ ドゥ ド チュンジョ ネ ヤ ジ
02 교통카드도 충전해야지!

□교통카드（交通ー）：交通カード □충전하다（充填ー）：チャージする

エレベーターが早いだろう。

エル リ ベ イ ト ガ ッパ ル ゲッ チ
03 엘리베이터가 빠르겠지!

□엘리베이터：エレベーター □빠르다：早い、速い

ロッカーにトランクを入れておこう。

ムルプム ボ グヮ ナ メ ケ リ オ ルル ノ オ ドゥジャ
04 물품보관함에 캐리어를 넣어 두자.

□물품보관함（物品保管函）：ロッカー □캐리어：トランク □넣다：入れる

ストッキングが伝線しちゃった。新しく買わなくちゃ。

ス タ キン オ リ ナ ガン ネ セ ロ サ ヤ ゲッ タ
05 스타킹 올이 나갔네. 새로 사야겠다.

□올이 나가다：（糸筋が出ていく→）伝線する □새로：新しく

お弁当を買うついでに、おやつでも買おう。

トシラク サヌン ギメ クンゴッチルコリラド チョム サジャ
06 도시락 사는 김에 군것질거리라도 좀 사자.

□도시락：お弁当 □-는 김에：～するついでに □군것질거리：おやつ

このお弁当は野菜もたくさん入っている。

イ トシラグン ヤチェド マニ トゥロ インネ
07 이 도시락은 야채도 많이 들어 있네.

□야채：野菜 □들다：入る

ああ、トイレに行きたい。

ア ファジャンシリ クパダ グペ
08 아, 화장실이 급하다 급해.

□급하다（急－）：急がれる

あの外国人にチケットの買い方を教えてあげよう。

チョ ウェグギンハンテ ティケッ サヌン ボブル カルチョ ジュォヤゲッタ
09 저 외국인한테 티켓 사는 법을 가르쳐 줘야겠다.

□사는 법：（買う方法→）買い方

また、新しいお店ができたみたいだな。

ット セロウン カゲガ センギョンナ ボネ
10 또 새로운 가게가 생겼나 보네.

□새로운：新しい □가게：お店 □생기다：できる

文法POINT

ナ ボダ
## -나 보다 ：～するようだ、～しているようだ

ある事実や状況から、そのようだと推測することを表す。

オヌルン フェサルル シュィナ ボヮヨ
▷ 오늘은 회사를 쉬나 봐요. 今日は会社を休んでるようですね。

ヌル トシラグル モンナ ボネヨ
▷ 늘 도시락을 먹나 보네요. いつもお弁当を食べてるようですね。

08. 運転 028

# 今日は車で出勤。

オ ヌ ル ン
오늘은
チャドンチャ ロ チュルグン
자동차로 출근!

今日に限って、だいぶ渋滞している。

オヌルッタラ キリ マニ ミルリネ
01 오늘따라 길이 많이 밀리네!

□-따라：～に限って □밀리다：渋滞する

久しぶりに運転したら、道がわからない。

オ レガンマ ネ ウンジョナ ニ キルド ヘッカルリネ
02 오래간만에 운전하니 길도 헷갈리네.

□운전하다：運転する □헷갈리다：こんがらがる

ここは一方通行なんだ。

ヨ ギヌン イルバントンヘン イ グ ナ
03 여기는 일방통행이구나.

□일방통행：一方通行

会社の近くの駐車場は空いているかな。

フェサ カッカウン チュチャジャン ピ オ イッスルッカ
04 회사 가까운 주차장 비어 있을까?

□주차장：駐車場 □비다：空く

この近くには信号も多いな。

イ クンチョエン シノドゥンド マンネ
05 이 근처엔 신호등도 많네.

□근처（近処）：近く □신호등（信号灯）：信号

日差しがまぶしい。サングラスをかけなくちゃ。

06 ヘッ ピ チ ヌン ブ シ グ ナ　ソングルラ スルル ッキョヤゲッタ
**햇빛이 눈부시구나. 선글라스를 껴야겠다.**

□눈부시다：まぶしい □선글라스：サングラス □끼다：(眼鏡を) かける

ガソリンスタンドでガソリンを入れて行くか。

07 チュ ユ ソ エ ソ　キ ルム　ノ コ　ガルッカ
**주유소에서 기름 넣고 갈까?**

□주유소(注油所)：ガソリンスタンド □기름：油、ガソリン □넣다：入れる

思ったより早く到着しそうだ。

08 センガク ポ ダ　ッパルリ　ト チャカル コッ カッ タ
**생각보다 빨리 도착할 것 같다.**

□도착하다：到着する

時間もたっぷりあるから、洗車でもして行こうかな。

09 シ ガン ド　ノン ノ カ ニ　セ チャ ラ ド　ハ ゴ　ガルッカ
**시간도 넉넉하니 세차라도 하고 갈까?**

□넉넉하다：余裕がある □세차：洗車

あそこで左折してもいいのかな。

10 チョ ギ ソ　チュヮフェジョンヘド　ドゥェナ
**저기서 좌회전해도 되나?**

□좌회전(左回転)：左折

## 文法POINT

### ナ　ヨ
### -나(요)? : ～するの (です) か

話し言葉で、親しい相手に周りの状況から推測して聞くときに使う。

ネ イルン　オ ディ エ　カ ナ ヨ
▷ **내일은 어디에 가나요?** 明日はどこへ行くんですか。

チョニョグン ムォル モン ナ ヨ
▷ **저녁은 뭘 먹나요?** 夕食は何を食べようかな。

## 09. 駅から会社まで　029

### 行こう、行こう！会社へ！

# カジャ　カジャ
# 가자, 가자!
# フェサロ
# 회사로!

思ったより空気が爽やかだ。

01 センガクボダ コンギガ サンクェハネ
**생각보다 공기가 상쾌하네.**

□공기：空気 □상쾌하다（爽快－）：爽やかだ

ここにお弁当屋さんがもうすぐオープンするんだ。

02 ヨギエ トシラクチビ モジアナ オプナヌングナ
**여기에 도시락집이 머지않아 오픈하는구나.**

□도시락집：お弁当屋 □머지않아：遠からず、間もなく

横断歩道の赤信号は何でこんなに長いんだ。

03 フェンダンボド ッパルガンブル シノヌン ウェ イリ キロ
**횡단보도 빨간불 신호는 왜 이리 길어!**

□횡단보도：横断歩道 □빨간불：（赤い火→）赤信号 □신호：信号 □이리：こんなに

ちょっと銀行に寄って通帳の記帳をするか。

04 チャムシ ウネンエ トゥルロ トンジャンウル チョンニ ハルッカ
**잠시 은행에 들러 통장을 정리할까?**

□잠시（暫時）：ちょっと □들르다：寄る □정리하다：整理する

あそこに金部長も歩いている。

05 チョギ キム プチャンニムド コロガゴ インネ
**저기 김 부장님도 걸어가고 있네!**

□부장님：部長 □걸어가다：歩いていく

並木の桜も来週あたりは満開だろう。

カ ロ ス　ポッコット　タ　ウムチュッチュメヌン　ファルッチャク　ピ ゲッ チ

06 가로수 벚꽃도 다음 주쯤에는 활짝 피겠지.

□가로수（街路樹）：並木　□활짝：ぱっと　□피다：咲く

この道は歩くのにぴったりだ。

イ　キルン　コッキ　エ　アンソンマチュミヤ

07 이 길은 걷기에 안성맞춤이야.

□걷다：歩く　□-기에：～することに　□안성맞춤（安城ー）：あつらえ向き、打ってつけ

前を歩いている人の後ろ姿が素敵だな。

ア ペ　カヌン　サラム　トゥィテガ　モッチ　ネ

08 앞에 가는 사람 뒤태가 멋지네!

□뒤태（ー態）：後ろ姿　□멋지다：素敵だ

この道路は違法駐車が多すぎる。

イ　ト ロヌン　プルボプ　チュチャ ガ　ノ ム　マ ナ

09 이 도로는 불법 주차가 너무 많아!

□불법 주차（不法駐車）：違法駐車

今日はいつもよりちょっと早めに着いた。

オ ヌ ルン　ピョンソ ボ ダ　チョム　ッパルリ　ト チャケン ネ

10 오늘은 평소보다 좀 빨리 도착했네.

□평소（平素）：普段　□도착하다：到着する

## 文法POINT

ネ

### -네：～なあ、～だね、～だよ

新しく知った事実について、感嘆する気持ちを表す。

オ ヌル　ット　ヌ ニ　オ ネ

▷ 오늘 또 눈이 오네.　今日もまた雪が降ってるな。

イ　オ スン　ティジャイン ド　イェップ ゴ　チョン ネ

▷ 이 옷은 디자인도 예쁘고 좋네.　この服はデザインもきれいでいいね。

## 10. 到着、コーヒーを一杯 030

無事に到着！コーヒーを一杯！

ムサヒ トチャク
# 무사히 도착!
コピ ハンジャン
# 커피 한잔!

会社に早めに到着。

フェサエ イルッチガムチ トチャク
**01 회사에 일찌감치 도착!**

□일찌감치：早めに

タイムカードを押さなくちゃ。

タイムカドゥ ッチゴヤジ
**02 타임카드 찍어야지.**

□타임카드：タイムカード □찍다：押す

まずはモーニングコーヒーを一杯飲もう。

ウソン モニン コピルル ハンジャネヤジ
**03 우선 모닝 커피를 한잔해야지!**

□우선（于先）：最初に、とりあえず □모닝 커피：モーニングコーヒー

あったかいコーヒーを飲んだら体が温まるな。

ッタックナン コピルル マショットニ モミ ッタットゥテジネ
**04 따끈한 커피를 마셨더니 몸이 따뜻해지네!**

□따끈하다：ほかほかだ □따뜻해지다：温まる

甘いコーヒーで一日をスタート。

タルダラン コピロ ハルルル シジャク
**05 달달한 커피로 하루를 시작!**

□달달하다：甘い □시작（始作）：スタート

コーヒー一杯で力が湧いてきた。

コ ピ ハンジャネ ヒ ミ ナ ネ
06 커피 한잔에 힘이 나네.

□힘：力、元気 □나다：出る

今日もかなり忙しい日になりそうだ。

オ ヌル ド ックェナ パップン ナ リ トゥェゲッチ
07 오늘도 꽤나 바쁜 날이 되겠지.

□꽤나：かなり □바쁘다：忙しい

コーヒーを飲みながら、おしゃべりできていいわ。

コ ピ ルル マ シ ミョ ス ダ ルル ット ニ チョンネ
08 커피를 마시며 수다를 떠니 좋네!

□수다를 떨다：おしゃべりをする

今日一日も気分よくがんばろう。

オ ヌル ハ ル ド キ ブン ジョ ケ パ イ ティン
09 오늘 하루도 기분 좋게 파이팅!

□파이팅：ファイト#「화이팅」もよく使う。

余計な欲を出すくらいなら、ここで私の夢をかなえよう。

クェナン ヨク シ ムル プ リ ヌ ニ ヨ ギ ソ ネ ックムル イ ル オ ヤ ジ
10 괜한 욕심을 부리느니 여기서 내 꿈을 이루어야지!

□괜한：余計な □욕심을 부리다：欲を出す □꿈을 이루다：夢をかなえる

## 文法POINT

ヌ ニ
## -느니 ：～するくらいなら

先行節の方より、後続節の状況や行為の方がまだましであることを表す。

イ ウム シ グル モン ヌ ニ チャ ラ リ クムケッ タ
▷ 이 음식을 먹느니 차라리 굶겠다.

この料理を食べるくらいなら、むしろ食べずにいる方がいい。

ク チェグル イン ヌ ニ チャヌン ゲ ナッケッ タ
▷ 그 책을 읽느니 자는 게 낫겠다.

その本を読むくらいなら、寝た方がよさそうだ。

朝から夜寝るまでのひとりごと韓国語

# SCENE 4
# 仕事

▷ 今日の予定
▷ パソコンを立ち上げる・メールの確認
▷ 会議・プレゼンテーション
▷ 雑用
▷ 昼休み
▷ 資料の準備・整理
▷ 出張
▷ 契約・商談・交渉
▷ アポの取り方・約束
▷ 退社・残業

## 01. 今日の予定　031

今日一日も忙しい一日。

オヌル　ハルド
# 오늘 하루도
パップン　ハル
# 바쁜 하루!

まず、スケジュールを確認しなくちゃ。

ウソン　スケジュルル　ファギネヤジ
01 **우선 스케줄을 확인해야지.**

□스케줄：スケジュール

午後は販売促進会議があったな。

オフエン　パンチョク　フェイガ　イッソッチ
02 **오후엔 판촉 회의가 있었지!**

□판촉（販促）：販売促進

水曜日には北海道へ出張。

スヨイレン　プケドロ　チュルチャン
03 **수요일엔 북해도로 출장!**

□북해도：北海道 #홋카이도も使う　□출장：出張

3時には本社の営業チームが訪問予定。

セ　シエン　ポンサ　ヨンオプティミ　パンムン　イェジョン
04 **세 시엔 본사 영업팀이 방문 예정.**

□본사：本社　□영업팀：営業チーム　□방문：訪問　□예정：予定

プレゼンテーションの準備をしなくちゃ。

プレジェンテイション　チュンビルル　ヘヤジ
05 **프레젠테이션 준비를 해야지.**

□준비：準備

新入社員の面接準備もしなくちゃ。

シ ニプ サウォンミョンジョプチュンビ ド ヘ ヤ ジ
**06** **신입 사원 면접 준비도 해야지.**

□신입사원：新入社員 □면접：面接

そうだ、今日は11時に会議があったな。

チャム オ ヌ ルン ヨラン シ エ フェ イ ガ イッソッ チ
**07** **참, 오늘은 11시에 회의가 있었지.**

□참：そういえば、あっ

今週の木曜日が納品日だった。

イ ボン チュ モ ギョ イ リ ナ プ ミ リ ジ
**08** **이번 주 목요일이 납품일이지!**

□납품일：納品日

5時にA社と打ち合わせだな。

タ ソッ シ エン エイ サ ワ ヒョ ビ フェ グ ナ
**09** **다섯 시엔 A사와 협의회구나.**

□협의회：協議会、打ち合わせ

今日も仕事で、超忙しくなりそうだ。

オ ヌル ド イ ラ ヌ ラ ゴ ヌン コ ットゥル セ オプ シ パップル コッ カン ネ
**10** **오늘도 일하느라고 눈코 뜰 새 없이 바쁠 것 같네.**

□일하다：働く □눈코 뜰 새 없다：(目と鼻を開ける暇がない→) 目が回るほど(忙しい)

## 文法POINT

ヌ ラ ゴ
## -느라(고)：～しようと、～するのに

理由や原因、または目的を表す。

モル リッカ ジ オ ヌ ラ ス ゴヘッ タ
▷ **멀리까지 오느라 수고했다.** 遠くまで来てお疲れさん。

オ リョウン ムンジャンウル イン ヌ ラ ゴ コ セン イ マ ナン ネ
▷ **어려운 문장을 읽느라고 고생이 많았네.** 難しい文章を読むのに大変だった。

 032

## メールのチェックで一日をスタート

# メイル チェクロ
# 메일 체크로
# ハル シジャク
# 하루 시작!

まず今日の日程をチェックしてみよう。

モンジョ オヌル イルチョンウル チェク ヘ ボジャ

01 **먼저 오늘 일정을 체크해 보자!**

□**먼저**：まず □**일정**：日程 □**체크하다**：チェックする

メールがたくさん届いているね。

メイリ マニド ワ インネ

02 **메일이 많이도 와 있네.**

□**많이도**：たくさん #「도」はもともと「も」で、ここでは強調。

どうして迷惑メールがこんなにいっぱい来るんだ？

ウェン スペム メイリ イロケ マンチ

03 **웬 스팸 메일이 이렇게 많지?**

□**웬**：どうして、なんという □**스팸 메일**（スパムメール→）迷惑メール

この添付ファイルは重くて送れないな。

イ チョムブ パイルン ムゴウォソ モッ カネ

04 **이 첨부 파일은 무거워서 못 가네.**

□**첨부 파일**：添付ファイル □**무겁다**：重い

今日も超忙しい日になりそう。

オヌルド チョンシノプシ パップン ナリ トゥェゲンネ

05 **오늘도 정신없이 바쁜 날이 되겠네.**

□**정신없다**：（精神ない→）目が回るようだ

昨日の営業実績を確認しよう。

オ ジェ ヨンオプ シルチョグル ファ ギ ナ ジャ
06 **어제 영업 실적을 확인하자.**

□영업：営業 □실적：実績 □확인하다：確認する

月例の会議報告書を作成しなくちゃ。

ウォルレ フェ イ ポ ゴ ソ ルル チャㇰソンヘ ヤジ
07 **월례 회의 보고서를 작성해야지.**

□월례：月例 □보고서：報告書 □작성하다：作成する

パワーポイントをUSBに入れておこう。

パ ウォ ポ イントゥルル ユエスビ エ ノ オ ドゥ オ ヤ ゲッ タ
08 **파워포인트를 USB에 넣어 두어야겠다.**

□파워포인트：パワーポイント □넣다：入れる、保管する

何でPDFファイルがうまく開かないのかな。

ウェ ピディエプ パ イ リ チャル アン ヨル リ ジ
09 **왜 PDF 파일이 잘 안 열리지!?**

□열리다：開く

データをエクセルのグラフで作らなければならないのか。

テ イ ト ルル エㇰセル グ レ プ ロ マンドゥ ロ ヤ ハ ヌン グ ナ
10 **데이터를 액셀 그래프로 만들어야 하는구나.**

□데이터：データ □액셀：エクセル

## 文法POINT

ヌン グ ナ
### -는구나 ： ～するんだなあ、～するんだねえ

新しく知った事実について感嘆を表す。＊31ページ文法POINT参照

チャン マ ッテ ピ ガ マ ニ オ ヌン グ ナ
▷ **장 마 때 비가 많이 오는구나.** 梅雨のときは、たくさん雨が降るんだな。

ピ ガ オル ッテヌン チャンファルル シンヌン グ ナ
▷ **비가 올 때는 장화를 신는구나.** 雨が降るときは雨靴をはくんだね。

 033

何で会議がこんなにいっぱいあるんだ。

# 무슨 회의가 이렇게 많지!?

ムスン フェイガ イロケ マンチ

今日も会議があったな。議題は何だったっけ？

01 오늘도 회의가 있지!? 의제는 뭐더라?

オヌルド フェイガ イッチ ウイジェヌン ムォドラ

□의제：議題

この前の議事録を確認してみよう。

02 지난번 의사록을 확인해 보자.

チナンボン ウイサログル ファギネ ボジャ

□지난번：先日 □의사록：議事録

今回の会議はだいぶ時間がかかりそうだ。

03 이번 회의는 시간이 꽤 걸리겠지?

イボン フェイヌン シガニ ックェ コルリゲッチ

□꽤：かなり □걸리다：(時間が) かかる

事前に会議の準備をちゃんとやらなくちゃ。

04 사전에 회의 준비 제대로 해야지.

サジョネ フェイ ジュンビ チェデロ ヘヤジ

□사전：事前

今日のオンライン会議はとてもやりがいがあった。

05 오늘 온라인 회의는 참 보람이 있었어.

オヌル オンナイン フェイヌン チャム ポラミ イッソッソ

□참：とても □보람：やりがい

わかりやすく、うまくプレゼンをしなくちゃ。

アル ギ シュィプケ プレジェンテイショヌル チャレ ヤ ジ
06 **알기 쉽게 프레젠테이션을 잘해야지.**

□알기 쉽다：わかりやすい □프레젠테이션：プレゼンテーション

あの人のプレゼンのスキルがすごいな。

チョ チング プレジェンテイション ソムッシ ガ ットゥィオナネ
07 **저 친구 프레젠테이션 솜씨가 뛰어나네!**

□친구：友だち、人 □솜씨：腕 □뛰어나다：優れている

よくわからないところは質問しなきゃな。

チャル モルヌン ゴスン チルム ネ ヤゲック ナ
08 **잘 모르는 곳은 질문해야겠구나.**

□질문하다：質問する □곳：ところ

次のプレゼンも最善を尽くそう。

タ ウム プレジェンテイションド チェ ソ ヌル タ ヘ ヤ ジ
09 **다음 프레젠테이션도 최선을 다해야지!**

□최선：最善 □다하다：尽くす

プレゼンはそれなりにうまくできたから、帰りに一杯飲もう。

プレジェンテイショヌン クロンデ ロ チャ レッス ニ ト ラ ガヌン ギ レ ハンジャ ネ ヤ ジ
10 **프레젠테이션은 그런대로 잘 했으니 돌아가는 길에 한잔해야지.**

□그런대로：それなりに □돌아가는 길：(帰る道→)帰り

## 文法POINT

ヌン ギ レ
### -는 길에 : ～する途中で、～するついでに

何かをする過程で、ついでに他の行動をするときに使う。

ウ チェ グ ゲ カ ヌン ギ レ ピョ ニ ジョ メ トゥルロッ タ
▷ **우체국에 가는 길에 편의점에 들렀다.** 郵便局に行くついでにコンビニに寄った。

トゥェ グ ナ ヌン ギ レ チン グ ルル マンナッ ソ ヨ
▷ **퇴근하는 길에 친구를 만났어요.** 退社する途中で友だちに会いました。

04. 雑用 034

# たまった仕事が山積みだ。

ミルリン イリ
# 밀린 일이
サント ミガンネ
# 산더미같네!

どうして皆電話に出ないんだろう。

ウェドゥル タ チョヌヮルル アン バッチ
01 **왜들 다 전화를 안 받지!**

□왜들 : (どうしてたち→) どうして □전화를 받다 : (電話を受ける→) 電話に出る

注文のファックスがいっぱい届いているな。

チュムン ペクスガ マニ ワ インネ
02 **주문 팩스가 많이 와 있네!**

□주문 : 注文 □팩스 : ファックス

報告書も遅れないようにしなくちゃ。

ポゴソド ヌッチ アントロク ヘヤジ
03 **보고서도 늦지 않도록 해야지.**

□보고서 : 報告書 □늦지 않도록 : 遅くならないように

請求書を今日中に送ろう。

チョングソルル オヌル ジュンウロ ポネジャ
04 **청구서를 오늘 중으로 보내자.**

□청구서 : 請求書 □오늘 중 : 今日中

この資料はステープラーで留めておいた方がいいな。

イ チャリョヌン ステイプルロロ ッチゴ ドゥヌン ゲ チョケッチ
05 **이 자료는 스테이플러로 찍어 두는 게 좋겠지.**

□자료 : 資料 □찍다 : 綴じる

企画書をきれいに作らなくちゃ。

キフェクソ ルル ッカルックマ ゲ チャクソンヘ ヤ ジ
**06** 기획서를 깔끔하게 작성해야지.

□기획서 : 企画書 □깔끔하게 : きちんと □작성하다 : 作成する

この製品の見本は宅配便で送ろう。

イ チェプム キョンボヌン テクペ ロ ポネ ヤゲッタ
**07** 이 제품 견본은 택배로 보내야겠다.

□제품 : 製品 □견본 : 見本 □택배 (宅配) : 宅配便

アメリカのバイヤーの出迎えは私が行くべきだろう。

ミグク パイオ マジュンウン ネガ カヤゲッチ
**08** 미국 바이어 마중은 내가 가야겠지?

□바이어 : バイヤー □마중 : お迎え

備品の購入リストも作成しなきゃいけないな。

ピプム クイプ リストゥド チャクソンヘヤ ドゥエネ
**09** 비품 구입 리스트도 작성해야 되네.

□비품 : 備品 □구입 : 購入

郵便局に寄るついでに書留で送ろう。

ウチェグ ゲ トゥルルヌン ギ メ トゥンギロ ポネヤゲッタ
**10** 우체국에 들르는 김에 등기로 보내야겠다.

□우체국 : 郵便局 □들르다 : 寄る □등기 (登記) : 書留

## 文法POINT

ヌン ギ メ
### -는 김에 : ～するついでに

ある行為をしつつ、ついでにそれと関連する他の行為も行うときに使う。

ソ ウ レ カヌン ギ メ スウォネ ド カ ボジャ
▷ 서울에 가는 김에 수원에도 가 보자. ソウルに行くついでに水原にも行ってみよう。

ウネン エ ソ トヌル チャンヌン ギ メ トンジャンド チョンニヘッ タ
▷ 은행에서 돈을 찾는 김에 통장도 정리했다. 銀行でお金を引き出すついでに通帳も記帳した。

05. 昼休み 035

# ああ、お腹空いた。昼ご飯食べよう。

ア ペ ゴ プ ダ
# 아, 배고프다!
チョムシム モ ゴ ヤ ジ
# 점심 먹어야지!

今日はチャムチャ麺でも食べに行こうかな。

オ ヌ ルン ッチャムッチャミョニラド モ グ ロ ガルッカ
**01** 오늘은 짬짜면이라도 먹으러 갈까?

□짬짜면：チャムチャ麺＃韓国風ジャージャー麺＋チャンポン

他の人は何を食べるのかな。

タ ルン サ ラムドゥルン ムォル モク チ
**02** 다른 사람들은 뭘 먹지?

□다른：違う…、他の

時間もないから、サンドイッチでも買ってきて食べよう。

シ ガンド オプ ス ニ センドゥウィチ ラ ド サ ワ ソ モクチャ
**03** 시간도 없으니 샌드위치라도 사 와서 먹자.

□샌드위치：サンドイッチ

昼ご飯をさっさと食べてちょっと休もう。

チョムシム フ ダ ダク モッ コ チョム シュィオヤジ
**04** 점심 후다닥 먹고 좀 쉬어야지!

□후다닥：さっと、ぱっと

あの店のカレーの味は最高だったな。

ク ジプ カ レ ラ イ ス マ シ ックンネジュォッチ
**05** 그집 카레라이스 맛이 끝내줬지!

□맛：味 □끝내주다：(終わらせてくれる→)すごい

昼ご飯食べてからちょっと散歩でもしよう。

06 チョムシム モッ コ サンチェ ギ ラ ド チョム ヘ ヤ ゲッ タ
**점심 먹고 산책이라도 좀 해야겠다.**

□산책(散策)：散歩

昨日のあの店はとても親切だった。

07 オ ジェ ク シクタンウン チャム チンジョレッ チ
**어제 그 식당은 참 친절했지.**

□친절하다：親切だ

今はだいぶ混んでいるから後で行こう。

08 チ グ ムン ハンチャン ブムビル テ ニ イッ タ ガ カ ヤ ゲッ タ
**지금은 한창 붐빌 테니 이따가 가야겠다.**

□한창：盛んに、非常に □붐비다：混む、混みあう □이따가：後で

食後のコーヒーは欠かせないね。

09 シ ク エ コ ピ ルル ハンジャン ア ナル ス オプ チ
**식후에 커피를 한잔 안 할 수 없지!**

□식후：食後

この仕事が終わったら、昼ご飯を食べに行こうっと。

10 イ イ ルル マ チ ヌン デ ロ チョムシム モ グ ロ カ ヤ ゲッ タ
**이 일을 마치는 대로 점심 먹으러 가야겠다.**

□마치다：終わる、終える

## 文法POINT

ヌン デ ロ
## -는 대로 ：～し次第、～するままに

ある動作や状態になったらすぐにという意味を表す。

ソ ウ レ トチャ カ ヌン デ ロ ヨル ラ ケ ジュ セ ヨ
▷ **서울에 도착하는 대로 연락해 주세요.**
ソウルに到着し次第、連絡してください。

ク チプ ッパンウン マンドゥヌン デ ロ タ パルリョッ ソ ヨ
▷ **그집 빵은 만드는 대로 다 팔렸어요.**
あのお店のパンは作るそばから、全部売れました。

06. 資料の準備・整理　036

# 資料をちゃんと準備しなくちゃ。

チャリョルル チェデロ
**자료를 제대로**

チュンビヘヤゲッタ
**준비해야겠다!**

2週間以内に企画書を作成しなければならないな。

イジュ トンア ネ キフェクソルル チャクソンヘヤ ドゥェネ
01 **2주 동안에 기획서를 작성해야 되네!**

□동안：～の間 □기획서：企画書 □작성하다：作成する

報告書はできるだけ早く整理しよう。

ポ ゴ ソ ヌン トゥェル ス イッスミョン ッパルリ チョンニ ヘ ヤ ゲッ タ
02 **보고서는 될 수 있으면 빨리 정리해야겠다.**

□보고서：報告書 □될 수 있으면：できるだけ □정리하다：整理する

このプロジェクトに会社の将来がかかっている。

イ プ ロジェクトゥ エ フェ サ エ アムナ リ コルリョ インネ
03 **이 프로젝트에 회사의 앞날이 걸려 있네.**

□앞날：前途、将来 □걸리다：かかる

今度の企画は必ず通さなければならない。

イボン キ フェグン ッコク トングヮドゥェオヤ ハル テン デ
04 **이번 기획은 꼭 통과되어야 할 텐데!**

□통과되다（通過ー）：通る

資料の準備を早く終わらせなくちゃ。

チャリョ ジュンビ ルル ッパルリ ックンネ ヤ ゲン ネ
05 **자료 준비를 빨리 끝내야겠네.**

□끝내다：終える

この資料はカラーで10部ずつコピーしなければならないのか。

イ チャリョヌン コルロロ ヨルプッシク ポクサ ヘ ヤ ゲック ナ

06 **이 자료는 컬러로 10부씩 복사해야겠구나.**

□자료：資料 □-부：～部 □-씩：ずつ □복사하다(複写ー)：コピーする

調査結果をしっかり活かして企画書を作らなくちゃ。

チョ サ ギョルグヮルル チャル サルリョ ソ キフェクソルル マンドゥ ロ ヤ ジ

07 **조사 결과를 잘 살려서 기획서를 만들어야지.**

□조사：調査 □결과：結果 □살리다：活かす

これから 実績がもっと上がればいいのに。

ア プ ロ シルチョ ギ ト ウク オルミョン チョウル テン デ

08 **앞으로 실적이 더욱 오르면 좋을 텐데.**

□앞으로：これから、今後 □실적：実績 □더욱：もっと

この棒グラフは実績が一目でわかる。

イ マクテ グ レ プ ヌン シルチョグル ハン ヌ ネ アル ス イン ネ

09 **이 막대그래프는 실적을 한눈에 알 수 있네.**

□막대그래프：棒グラフ □한눈에：一目で

2時に会議があるけど、間に合うかな。

トゥ シ エ フェイ ガ インヌン デ チェ シ ガ ネ ト チャカル ス イッスルッカ

10 **두 시에 회의가 있는데 제시간에 도착할 수 있을까?!**

□제시간(ー時間)：定時、定刻

## 文法POINT

ヌン デ

### -는데 ： ～するが、～するのに、～するので

関連があったり、対立したりする事柄をあらかじめ提示するとき使う。

ピョ ニ ジョメ カ ヌン デ プ タ カル コッ オプ ソ

▷ **편의점에 가는데 부탁할 것 없어?** コンビニに行くけど頼むものない？

パ ブル モンヌン デ ア ジュ マ シッ ケ モク ト ラ

▷ **밥을 먹는데 아주 맛있게 먹더라.** ご飯を食べるのにとてもおいしそうに食べていた。

07. 出張　037

## 明日は1泊2日でソウル出張。

ネ イ ル ン イルバ ッ イ イ ル ロ
# 내일은 1박 2일로
ソ ウ ル チュルチャン
# 서울 출장!

家に帰って、明日の出張の準備をしなくては。

チ ベ ガ ソ ネ イルチュルチャンジュンビ へ ヤ ジ
01 **집에 가서 내일 출장 준비해야지!**

□출장：出張 □준비하다：準備する

3泊4日の出張は用意しなければならない服も多い。

サムバク サ イ ル チュルチャンウン オッ カ ジ ド チェンギル ケ マン ネ
02 **3박 4일 출장은 옷가지도 챙길 게 많네.**

□옷가지：何着かの服 □챙기다：取りまとめる、取りそろえる

ミーティングの準備をしっかりしておかないと、恥をかく。

ミティング ジュンビルル チェ デ ロ へ ドゥオ ヤ チャンピルル アン ダン ハ ジ
03 **미팅 준비를 제대로 해 두어야 창피를 안 당하지.**

□창피（猖披）：恥 □당하다（当一）：やられる、被る

バイヤーを待たせてはいけない。私の方が早めに行かなくちゃ。

パ イ オルル キ ダ リ ゲ ハル ス オプチ ネ ガ ミ リ カ ヤ ジ
04 **바이어를 기다리게 할 수 없지! 내가 미리 가야지.**

□바이어：バイヤー □미리：前もって、早めに

明日の会合の確認のため連絡しておこう。

ネ イル モ イム ファギンチャ ヨル ラ ケ ドゥジャ
05 **내일 모임 확인차 연락해 두자.**

□모임：集まり、会合 □확인차（確認次）：確認のため

コンベンションセンターまで時間はどれくらいかかるだろう。

06
コンベンションセントッカジ　シガニ　オルマッチュム　コルリルッカ
**컨벤션센터까지 시간이 얼마쯤 걸릴까?**

□얼마쯤：どれくらい

きちんとした服を着て行かなくちゃ。

07
オスル タンジョンハゲ　イプコ　ガヤジ
**옷을 단정하게 입고 가야지!**

□단정하다（端正ー）：きちんとしている

出張は大変だったけどやりがいがあった。

08
チュルチャンウン ヒムドゥロッチマン　ポラミ　イッソッソ
**출장은 힘들었지만 보람이 있었어!**

□힘들다：大変だ　□보람：やりがい

やはり直接会ったら、仕事がはるかにスムーズだった。

09
ヨクシ　チクチョプ　マンナニ　イリ　フォルッシン スンジョロウォッソ
**역시 직접 만나니 일이 훨씬 순조로웠어.**

□직접：直接　□훨씬：ずっと　□순조롭다（順調ー）：順調だ

よく出張に行ってるけど、大して疲れないな。

10
チャジュ チュルチャンウル タニヌンデド ピョルロ ヒムドゥルジ アンネ
**자주 출장을 다니는데도 별로 힘들지 않네!**

□별로（別ー）：大して、あまり

## 文法POINT

ヌンデド
## -는데도 ：～するのに、～するけど、～しても

先行節とは関係なく、後続節の状況が起きることを表す。

ヨルシミ　イラヌンデド　ウォルグビ　ア　ノルンダ
▷ **열심히 일하는데도 월급이 안 오른다.**　一生懸命働いているのに、給料が上がらない。

マニ　モンヌンデド　ピョルロ　サリ　アン ッチンダ
▷ **많이 먹는데도 별로 살이 안 찐다.**　たくさん食べるのに、あまり太らない。

08. 契約・商談・交渉　038

# 今日は契約を結ぶ日。

オ ヌ ルン
# 오늘은
ケ ヤク メンヌン ナル
# 계약 맺는 날!

今回の契約がうまくいけばいいな。

イボン ケ ヤ ギ チャル ソンサドゥェミョン チョケッ タ
01 **이번 계약이 잘 성사되면 좋겠다.**

□계약：契約　□성사되다（成事ー）：（物事が）うまくいく

注文の内容をもう一度確認してみよう。

チュムン ネ ヨンウル ハン ボン ド ファ ギ ネ ボ ジャ
02 **주문 내용을 한 번 더 확인해 보자.**

□주문：注文　□내용：内容　□확인하다：確認する

契約条件は悪くないな。

ケ ヤク チョ コ ニ ナッ プ ジ アン ネ
03 **계약 조건이 나쁘지 않네.**

□조건：条件

契約書にハンコを押さなくちゃな。

ケ ヤク ソ エ トジャンウル ッチ ゴ ヤ ゲッ ク ナ
04 **계약서에 도장을 찍어야겠구나.**

□계약서：契約書　□도장（図章）：ハンコ、印鑑　□찍다：押す

見積書を取ってみなくちゃ。

キョンジョクソルル パ ダ ボヮ ヤ ゲッ タ
05 **견적서를 받아 봐야겠다.**

□견적서：見積書

納品の日にちをちょっと早めなければ。

ナププム イルチャルル チョグム アプタンギョ ヤ ゲン ネ
06 납품 일자를 조금 앞당겨야겠네!

□일자(日字):日付、日取り □앞당기다:繰り上げる

注文を一度にやった方がよさそうだな。

チュ ム ヌル ハンッコ ボ エ ハ ヌン ゲ チョウル コッ カック ナ
07 주문을 한꺼번에 하는 게 좋을 것 같구나.

□한꺼번에:一度に、いっぺんに

今度の条件は受け入れがたい。

イ ボン チョ コ ヌン パ ダ ドゥ リ ギ オ リョウォ
08 이번 조건은 받아들이기 어려워.

□받아들이다:受け入れる □-기 어렵다:～しにくい

値段をもっと下げられればいいんだけど。

カ ギョグル ト ッカックル ス イッスミョン チョウル テン デ
09 가격을 더 깎을 수 있으면 좋을 텐데.

□가격:価格 □깎다:値引きする

今回の商談は無事に終わりそうでよかった。

イ ボン サン ダ ムン チャル ックンナヌン ドゥ テ タ ヘン イ ダ
10 이번 상담은 잘 끝나는 듯해 다행이다.

□상담:商談

## 文法POINT

ヌン ドゥ タ ダ
### -는 듯하다 : ～するかのようだ、～するみたいだ

先行節の出来事や状態などを、推測することを表す。

パッカ テ ヌン チ グム ピ ガ オ ヌン ドゥ タ ネ
▷ 바깥에는 지금 비가 오는 듯하네. 外は今、雨が降っているみたいだな。

ヨ ジュム チェグル ピョル ロ アン インヌン ドゥ タ ダ
▷ 요즘 책을 별로 안 읽는 듯하다. 最近本をあまり読まないようだ。

09. アポの取り方・約束 039

約束時間に遅れないようにしなくちゃ。

ヤクソク シガネ
# 약속 시간에
ヌッチ マラヤジ
# 늦지 말아야지!

近いうちにアポを取らなければ。

カッカウン シイル ネエ ヤクソク ナルッチャルル チャバ ヤゲッタ
01 **가까운 시일 내에 약속 날짜를 잡아야겠다.**

□가깝다 : 近い □시일(時日) : 期日、日時 □내(内) : うち □날짜 : 日にち

明日の昼時に、アポを取ってみようかな。

ネイル チョムシムッテ ヤクソグル チャバ ボルッカ
02 **내일 점심때 약속을 잡아 볼까?**

□점심때 : お昼時

約束はちょっと遅らせた方がよさそうだ。

ヤクソグン チョム ヌッチュヌン ゲ チョウル コッ カッタ
03 **약속은 좀 늦추는 게 좋을 것 같다.**

□늦추다 : 遅らせる

約束の日にちを変えてほしいと頼まなくては。

ヤクソク ナルッチャルル パックォダルラゴ プタケヤゲッタ
04 **약속 날짜를 바꿔 달라고 부탁해야겠다.**

□바꾸다 : 変える □-아/어 달라고 : ～してほしいと □부탁하다(付託ー) : 頼む

今回は期日に納品するのが難しそうだな。

イボネヌン チェナレ ナップマギ オリョプケンヌンデ
05 **이번에는 제날에 납품하기 어렵겠는데.**

□제날 : 所定の日、期日 □납품하다 : 納品する

先約があるから、他の日にしなくちゃ。

ソニャギ イッソソ タルン ナルロ チャバ ヤゲッタ
**06 선약이 있어서 다른 날로 잡아야겠다.**

□선약：先約

カカオトークでもう一度約束をリマインドしなければ。

カトグロ タシ ハンボン リ マインド シキョ ヤゲッタ
**07 카톡으로 다시 한번 리마인더 시켜야겠다.**

□카톡：カトク #カカオトークの縮約語 □리마인더：リマインド

会議の時間が延びそうだ。

フェイ シガニ キロジル コッ カッタ
**08 회의 시간이 길어질 것 같다.**

□길어지다：伸びる、長くなる

約束が3件も入っているな。

ヤクソギ セ コニナ トゥロ インネ
**09 약속이 세 건이나 들어 있네.**

□-건：件 □들다：入る

幹部たちも皆会議に出席する分、ちょっと緊張するな。

カンブドゥルド タ フェイエ チャムガハヌン マンクム チョム キンジャンドゥェネ
**10 간부들도 다 회의에 참가하는 만큼 좀 긴장되네.**

□간부：幹部 □참가하다：参加する □긴장되다：(緊張される→) 緊張する

## 文法POINT

ヌン マンクム
## -는 만큼 ： ～する分、～するほど

先行節の内容と似たような程度であることを表したり、後続節の原因や根拠を表したりする。

ヨルシミ コンブハヌン マンクム シルリョギ ヌウル コヤ
▷ **열심히 공부하는 만큼 실력이 늘 거야.** 一生懸命勉強するほど、実力は伸びるはず。

マニ モンヌン マンクム サルド ッチヌン ゴッ カタ
▷ **많이 먹는 만큼 살도 찌는 것 같아.** たくさん食べている分、太ってきた感じがする。

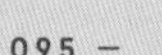

10. 退社・残業 040

## しっかり覚悟を決めて残業。

カ ゴ ル ル
# 각오를
タ ン ダ ニ ハ ゴ ヤ グ ン
# 단단히 하고 야근!

デートがあるから、定時であがろう。

テ イ トゥ ガ イッ ス ニ カル トゥェ グ ネ ヤ ジ
01 데이트가 있으니 칼퇴근해야지.

□데이트：デート □칼퇴근(-退勤)：(ナイフ退勤→)定時退社

たまった仕事のせいで、定時退社は無理そう。

ミルリン イル ッテ ム ネ チェ シ ガ ネ トゥェグヌン ム リ ゲッ タ
02 밀린 일 때문에 제시간에 퇴근은 무리겠다.

□밀리다：たまる □제시간(-時間)：定時

この辺で、そろそろけりを付けなければ。

イッチュ メ ソ ソ ソ ヒ マ ム リ ヘ ヤ ゲッ タ
03 이쯤에서 서서히 마무리해야겠다.

□이쯤에서：この辺で □서서히(徐々ー) □마무리하다：片付ける、まとめる

約束の時間に遅れそう。ちょっと急ごう。

ヤクソク シ ガ ネ ヌッケッ タ チョム ソ ドゥ ル ジャ
04 약속 시간에 늦겠다. 좀 서두르자.

□서두르다：急ぐ

ちょっと遅くなってもこの仕事だけは終わらせないとな。

チョグム ヌット ラ ド イ イルッカ ジ ヌン マ チョ ヤ ジ
05 조금 늦더라도 이 일까지는 마쳐야지.

□늦다：遅れる

とうてい今日中には終わりそうにない。

06 トジョヒ オヌル アヌロヌン モン マチル コッ カッタ
**도저히 오늘 안으로는 못 마칠 것 같다.**

□도저히 (到底ー)：とうてい、どうしても □안：中

先に帰るのはちょっと申し訳ない。

07 モンジョ トゥェグナギ チョム ミアナネ
**먼저 퇴근하기 좀 미안하네.**

□먼저：先に

残業しなければならないから夜食も頼もう。

08 ヤグネヤ ドゥェニ ヤシクド チョムチュムネヤゲッタ
**야근해야 되니 야식도 좀 주문해야겠다.**

□야근하다 (夜勤ー)：夜勤する、残業する □야식：夜食

仕事を全部無事に終えられてよかった。

09 イルル タ ムサヒ マチョソ タヘンイダ
**일을 다 무사히 마쳐서 다행이다.**

□무사히 (無事ー)：無事に

総務部は遅くまで働くみたいだな。

10 チョンムブヌン ヌッケッカジ イラヌン モヤンイグナ
**총무부는 늦게까지 일하는 모양이구나.**

□총무부：総務部 □늦게까지：遅くまで

## 文法POINT

ヌン モヤンイダ
### -는 모양이다 ：～するようだ、～するみたいだ

他の状況から判断して、ある物事を推測するときに使う。

イ ヨンファヌン アジュ チェミインヌン モヤンイネ
▷ **이 영화는 아주 재미있는 모양이네.** この映画はとても面白いようだな。

ヌッケ チョムシムル モンヌン モヤンイグナ
▷ **늦게 점심을 먹는 모양이구나.** 遅く昼ご飯を食べているようだね。

朝から夜寝るまでのひとりごと韓国語

# SCENE 5
# 住まい・家族

01. 家　041

## やっぱり我が家が一番！

ヨクシ　ウリ　チビ
# 역시 우리 집이
チェゴヤ
# 최고야!

交通の便もよく、近くにスーパーもあって、気に入っている。

キョトンド チョコ　カッカイエ　シュポド イッソソ　マウメ トゥロ
01 **교통도 좋고, 가까이에 슈퍼도 있어서 마음에 들어!**

□교통：交通 □마음에 들다：気に入る

ちょっと部屋が狭いけど、こじんまりとしていて落ち着く。

パンイ チョム チョプチマン アヌカゴ プグネ
02 **방이 좀 좁지만 아늑하고 푸근해!**

□아늑하다：こじんまりしている □푸근하다：ほのぼのとする

壁紙をもう少し明るい色に変えよう。

ピョクチルル チョム ド パルグン セグロ パックォヤゲッタ
03 **벽지를 좀 더 밝은 색으로 바꿔야겠다.**

□벽지：壁紙 □밝다：明るい □바꾸다：取り替える

ベッドを窓際へ移さなくては。

チムデルル チャンカッチョグロ オムギョヤゲンネ
04 **침대를 창가쪽으로 옮겨야겠네.**

□침대（寝台）：ベッド □창가쪽：窓側 □옮기다：移す

テーブルをもう少し大きなものに変えてみようかな。

テイブルル チョグム ド クン ゴルロ パックォ ボルッカ
05 **테이블을 조금 더 큰 걸로 바꿔 볼까?**

□테이블：テーブル □-(으)ㄹ까?：～しようか

防犯のために、玄関のカギをもう1つ取り付けなければ。

パン ボ ムル ウィ ヘ ヒョングヮン ヨルスェルル ハ ナ ド タ ラ ヤ ゲン ネ
06 방범을 위해 현관 열쇠를 하나 더 달아야겠네.

□방범：防犯 □현관：玄関 □열쇠：カギ □달다：取り付ける

暑くなる前に、エアコンの修理を頼まなくちゃ。

トウォ ジ ギ ジョ ネ エ オ コン ス リ プ タ ケ ヤ ジ
07 더워지기 전에 에어컨 수리 부탁해야지.

□더워지다：暑くなる □수리：修理 □부탁하다：頼む

もう少し広い家に引っ越ししたい。

チョム ド ノルブン チ ブ ロ イ サ ガ ゴ シプ タ
08 좀 더 넓은 집으로 이사 가고 싶다.

□넓다：広い □이사(를) 가다：(引っ越し行く→) 引っ越しする

このマンションは静かで、日当たりも良いな。

イ メンショヌン チョヨン ハ ゴ ヘッピット チャル トゥ ネ
09 이 맨션은 조용하고 햇빛도 잘 드네.

□조용하다：静かだ □햇빛：日差し □들다：入る

台風が吹いたせいで、網戸が破れてしまったのか。

テ プン イ プ ヌン パ ラ メ パンチュンマン イ マン ガ ジョッ ク ナ
10 태풍이 부는 바람에 방충망이 망가 졌 구나.

□태풍：台風 □방충망(防虫網)：網戸 □망가지다：壊れる、破ける

## 文法POINT

ヌン パ ラ メ
## -는 바람에 ： ～するせいで、～する拍子に

先行節の出来事が、後続節の不本意な結果をもたらしたことを表す。

ヌッチャムル チャヌン パ ラ メ チ ガ ケッ ソ ヨ
▷ 늦잠을 자는 바람에 지각했어요. 朝寝坊をしてしまったせいで遅刻しました。

プル ゴ ギ ルル ノ ム マ ニ モンヌン パ ラ メ ソ ギ アン ジョ ア ヨ
▷ 불고기를 너무 많이 먹는 바람에 속이 안 좋아요. プルコギを食べすぎたせいで気持ち悪いです。

## 02. 家族の話　042

幸せな我が家族の物語。

ヘンボカン　ウリ　カジョク
# 행복한 우리 가족
イヤギ
# 이야기!

我が家は4人家族。

ウリ　チブン　ネシック
01 **우리 집은 4식구!**

□**식구**(食口)：家族

家族の皆が健康で何よりだ。

カジョク　モドゥガ　タ　コンガンヘ　タヘンイダ
02 **가족 모두가 다 건강해 다행이다.**

□**모두가**：皆が　□**건강하다**：健康だ、元気だ

かわいい妹が1人いたらいいのにな。

クィヨウン　トンセンイ　ハナ　イッスミョン　チョケッタ
03 **귀여운 동생이 하나 있으면 좋겠다.**

□**귀엽다**：かわいい　□**하나**：1つ、1人

うちの家族の血液型は私以外みなB型。

ウリ　カジョク　ヒョレキョンウン　ナ　ッペゴヌン　モドゥ　ビヒョン
04 **우리 가족 혈액형은 나 빼고는 모두 B형!**

□**혈액형**：血液型　□**빼다**：抜く、除く

義理の母は一人娘。大事に育てられたんだろうな。

チャンモニムン　ウェドンッタル　クィハゲ　チャラショッケッチ
05 **장모님은 외동딸! 귀하게 자라셨겠지.**

□**장모**(丈母)：妻の母　□**외동딸**：一人娘　□**귀하다**(貴－)：貴い、かわいらしい　□**자라다**：育つ

うちの母は寝ても覚めても子どもの心配。

06 ウ リ オンマヌン チャナッケナ チャシク コクチョン
우리 엄마는 자나깨나 자식 걱정!

□자나깨나：寝ても覚めても □자식（子息）：子ども □걱정：心配

父は家族のためにいつも一生懸命働いて。

07 アボジヌン カジョグル ウィヘ オンジェナ ヨルシミ イラシゴ
아버지는 가족을 위해 언제나 열심히 일하시고.

□언제나：いつも □위해（為ー）：ために □열심히（熱心ー）：一生懸命

夫は今日も夜遅くまで会社の仕事。

08 ナムピョヌン オヌルド パム ヌッケッカジ フェサイル
남편은 오늘도 밤 늦게까지 회사일!

□남편（男便）：夫 □늦게까지：遅くまで

妻はいつも家のあらゆることをしっかりこなす。

09 アネヌン ヌル チバン テソサルル チャル チェンギョ
아내는 늘 집안 대소사를 잘 챙겨.

□대소사（大小事）：（家族や親せきなどの）誕生日、結婚式、葬式など □챙기다：面倒を見る、世話をする

毎日、家事でこんなに苦労していることを知っているのかな。

10 メイル チバンニルロ イロケ コセンハヌン ジュル アルッカ
매일 집안일로 이렇게 고생하는 줄 알까?

□집안일：家事 □고생하다（苦生ー）：苦労する

## 文法POINT

ヌン ジュル
**-는 줄 ：～することを、～すると**

（おもに알다、모르다とともに用いられ）ある方法や事実を表す。

チングガ ソウレ カヌン ジュル アラッソヨ
▷ 친구가 서울에 가는 줄 알았어요. 友だちがソウルに行くと思っていました。

チョムシムル ヌッケ モンヌン ジュル モルラッタ
▷ 점심을 늦게 먹는 줄 몰랐다. 昼ご飯を遅い時間に食べることを知らなかった。

## 03. 家族の世話をする

🔊 043

# 5月は家庭の月。

オ ウォルン カジョンエ ダル
# 오월은 가정의 달!

ああ、うちの子のおむつを替えなくちゃ。

アイゴ ウリ アギ キジョグィ カラジュォヤゲンネ

01 아이고, 우리 아기 기저귀 갈아줘야겠네.

□아기：赤ちゃん □기저귀：おむつ □갈아주다：取り替えてやる

早く早くすくすく育ちなさい。

ッパルリッパルリ ムロンムロㇰ チャララ

02 빨리빨리 무럭무럭 자라라!

□무럭무럭：すくすく □자라다：育つ

ついに小学校に入るんだ。

トゥディオ チョドゥンハッキョエ トゥロガネ

03 드디어 초등학교에 들어가네.

□드디어：とうとう □초등학교（初等学校）：小学校 □들어가다：入る

友だちと仲良く過ごしてほしい。

チングドゥラゴ チャル オウルリミョン チョケッタ

04 친구들하고 잘 어울리면 좋겠다.

□어울리다：交わる、付き合う

月日が経つのがほんとうに早い。もう卒業式なのか。

セウォリ チャムッパルネ ポルッソ チョロプシギグナ

05 세월이 참 빠르네. 벌써 졸업식이구나.

□세월：歳月、年月 □벌써：もう □졸업식：卒業式

この服を全部きれいにアイロンがけしておかなくちゃ。

06 イ オットゥルル タ ッケックタゲ タリョ ドゥォヤジ
**이 옷들을 다 깨끗하게 다려 둬야지.**

□깨끗하다：きれいだ □다리다：アイロンがけする

みんなが帰ってくる時間になったね。

07 タドゥル クィガハル シガニ タ ドゥェンネ
**다들 귀가할 시간이 다 됐네.**

□다들：(皆たち→) 皆 □귀가하다 (帰家ー)：帰宅する

クリーニング屋に預けた服も取りに行かなくちゃ。

08 セタクソエ マッキョ ノウン オット チャジャヤジ
**세탁소에 맡겨 놓은 옷도 찾아야지.**

□세탁소 (洗濯所)：クリーニング屋 □맡기다：預ける □찾다：取る

子どもたちを世話するかいがある。

09 エドゥルル トゥィッパラジハヌン ポラミ イッソ
**애들을 뒷바라지하는 보람이 있어.**

□뒷바라지하다：世話をする □보람：やりがい

アメリカに行った末っ子からの連絡を待っているところ。

10 ミグゲ カン マンネロブト ヨルラグル キダリヌンジュン
**미국에 간 막내로부터 연락을 기다리는 중!**

□막내：末っ子 □연락：連絡

## 文法POINT

ヌン ジュン
## -는 중 : ～しているところ

ある動作が進行中であることを表す。

チグム ピョンジルル ッスヌン ジュンイエヨ
▷ **지금 편지를 쓰는 중이에요.** 今、手紙を書いているところです。

チョニョグル モンヌン ジュンエ チョヌヮガ コルリョ ワッタ
▷ **저녁을 먹는 중에 전화가 걸려 왔다.** 夕ご飯を食べているところに電話がかかってきた。

## 04. 誕生日について 044

# お誕生日おめでとうございます。

センイル　チュカハムニダ

# 생일 축하합니다!

誕生日のプレゼントは何がいいかな。

センイル ソンムル ロ ムォ ガ チョウルッカ

**01** 생일 선물로 뭐가 좋을까?

□선물（膳物）：プレゼント

童話の本を買ってあげれば喜んでくれるかな。

トンファチェグル サ ジュミョン チョ ア ハルッカ

**02** 동화책을 사 주면 좋아할까?

□동화책（童話冊）：童話の本

誕生日の歌を歌ってあげよう。

センイル チュカ ノ レ ルル プル ロ ジュジャ

**03** 생일 축하 노래를 불러 주자.

□축하（祝賀）：祝い □부르다：歌う

誕生日ケーキを用意しなければ。

センイル ケ イ クルル チュンビ ヘ ヤ ジ

**04** 생일 케이크를 준비해야지.

□케이크：ケーキ

誕生日のごちそうを作らなくちゃ。わかめスープも作って。

センイルサンウル チャリョ ヤ ジ ミ ヨックク ト ックリ ゴ

**05** 생일상을 차려야지! 미역국도 끓이고.

□생일상（生日床）：誕生日の食膳 □미역국：わかめスープ □끓이다：（沸かす→）作る

友だちも呼んで誕生日パーティーをしよう。

06 チングドゥルド プルロソ センイル パティルル ヘヤゲッタ
**친구들도 불러서 생일 파티를 해야겠다.**

□**부르다**：呼ぶ

お義母さんの誕生日はどこかへ旅行しようかな。

07 オモニム センシン ッテ オディロ ヨヘン カルッカ
**어머님 생신 때 어디로 여행 갈까!?**

□**어머님**：(義理の) お母様、お母さん　□**생신** (生辰)：お誕生日 # 誕生日の尊敬語

お義父さんのお誕生日のごちそうはテーブルいっぱい作らなくちゃ。

08 アボニム センシンサンウン サンダリガ ブロジゲ チャリョヤゲッタ
**아버님 생신상은 상다리가 부러지게 차려야겠다.**

□**상다리가 부러지다**：(膳の脚が折れる→) ご馳走がいっぱい並べられる

お義父さんの古希のときは済州島へ旅行に行きたいな。

09 チャンインオルン コヒ ッテヌン チェジュドロ ヨヘンウル カヤゲッタ
**장인어른 고희 때는 제주도로 여행을 가야겠다.**

□**장인어른** (丈人一)：妻の父、お義父さん　□**고희**：古希

父親の還暦のとき、皆が集まるかわからないな。

10 アボジ ファンガプッテ タ モイヌンジ チャル モルゲンネ
**아버지 환갑 때 다 모이는지 잘 모르겠네.**

□**환갑** (還甲)：還暦　□**모이다**：集まる

**文法POINT**

ヌンジ
## -는지 ： ～するのか

漠然とした疑問や理由を表す。

オンジェ ヨヘンウル カヌンジ チャル モルゲッタ
▷ **언제 여행을 가는지 잘 모르겠다.**　いつ旅行に行くのかよくわからない。

オットン ウムシグル チャル モンヌンジ アラボジャ
▷ **어떤 음식을 잘 먹는지 알아보자.**　どんな料理を食べるのか調べてみよう。

05. 夢・希望　045

# 夢はかなえられる。

ッ クムン　イ ル オ ジン ダ
# 꿈은 이루어진다!

夢をかなえるためにたゆまず努力しなければ。

ックムル イ ル ギ ウィヘ ックジュ ニ ノ リョ ケ ヤ ジ
01 꿈을 이루기 위해 꾸준히 노력해야지.

□꾸준히：たゆまず、着実に □노력하다：努力する

私の夢は皆が健康で幸せに暮らすこと。

ネ ックムン タ コンガン ハ ゴ ヘン ボ カ ゲ サ ヌン ゴッ
02 내 꿈은 다 건강하고 행복하게 사는 것!

□꿈：夢 □행복하다（幸福ー）：幸せだ

マンションへ引っ越しできればいいのにな。

メンショ ヌ ロ イ サ ガッスミョン チョケン ネ
03 맨션으로 이사 갔으면 좋겠네.

□이사（를）가다：（引っ越しを行く→）引っ越しする

末っ子が志望校に合格して一息ついた。

マン ネ ガ パ ラ ヌン ハッキョ エ ハプキョ ケ ソ ハン シ ルム ノ アッ タ
04 막내가 바라는 학교에 합격해서 한시름 놓았다.

□바라다：希望する □합격하다（合格ー）：合格する □한시름 놓다：いったん安心する

うちの夫、今回昇進できるかな。

ウ リ ナムピョ ニ イ ボ ネ スン ジ ナル ス イッスルッカ
05 우리 남편이 이번에 승진할 수 있을까?

□승진하다：昇進する

夢をあきらめるな。夢はかなうはず。

06 ックムル ポ ギ ハ ジ マルジャ ックムン イ ル オジル コ ヤ
**꿈을 포기하지 말자! 꿈은 이루어질 거야.**

□포기하다（抛棄－）：放棄する、あきらめる □-지 말다：～しない

給料がもう少し上がればいいんだけど。

07 ウォルグ ビ チョグム ド オ ルミョン チョウル テン デ
**월급이 조금 더 오르면 좋을 텐데.**

□월급（月給）：給料 □오르다：上がる

いい人に出会って、早く結婚できればいいな。

08 チョウン サ ラム マン ナ ッパルリ キョ ロ ナミョン チョケッ タ
**좋은 사람 만나 빨리 결혼하면 좋겠다.**

□결혼하다：結婚する

幸せは思ったより近くにある。

09 ヘン ボ グン センガク ボ ダ カッカ イ エ イッ タ
**행복은 생각보다 가까이에 있다.**

□행복（幸福）：幸せ □가까이：近く

知ったかぶりをしないで、何でも聞いてみなくては。

10 ア ヌン チョ カ ジ マル ゴ ムォドゥンジ ム ロ ボヮ ヤ ゲッ タ
**아는 척하지 말고 뭐든지 물어 봐야겠다.**

□뭐든지：何でも □묻다：聞く、尋ねる

## 文法POINT

ヌン チョ カ ダ
## -는 척하다 ：～するふりをする

本当はそうでないのにそう装うということを表す。

アン ジャミョンソ チャヌン チョカン ダ
▷ **안 자면서 자는 척한다.** 眠っていないのに寝ているふりをする。

アルミョンソ ド モ ル ヌン チョケッ ソ ヨ
▷ **알면서도 모르는 척했어요.** 知っていながら知らんぷりをしました。

06. 模様替え　046

# 部屋の雰囲気を変えてみよう。

# 방 분위기를 바꿔 보자!

パン　プヌィギルル　パックォ　ボジャ

家具の位置をちょっと変えてみたらどうだろうか。

カグ ウィチルル チョム パックォ ボミョン オットルッカ

01 가구 위치를 좀 바꿔 보면 어떨까?

□가구：家具　□위치：位置　□바꾸다：変える

カーテンを明るい色に変えたい。

コトゥヌル パルグン セグロ パックゴ シプタ

02 커튼을 밝은 색으로 바꾸고 싶다.

□커튼：カーテン　□밝다：明るい

このカーペットを敷いたら、部屋がもっと広く見えるな。

イ カペトゥルル ッカラットニ パンイ フォルッシン ノルボ ボイネ

03 이 카페트를 깔았더니 방이 훨씬 넓어 보이네.

□깔다：敷く　□훨씬：ずっと　□넓다：広い

レンガと板で本棚を作ってみよう。

ピョクトルグヮ パンジャロ チェクッコジルル マンドゥロ ボジャ

04 벽돌과 판자로 책꽂이를 만들어 보자.

□벽돌：レンガ　□판자（板子）：板　□책꽂이（冊ー）：本棚

たんすをもうちょっと大きなものに変えよう。

チャンノンウル チョム ド クン ゴスロ パックォヤゲッタ

05 장롱을 좀 더 큰 것으로 바꿔야겠다.

□장롱（欌籠）：たんす

壁紙を地味な色にしてみようかな。

ピョクチルル ス スハン セグロ コルラ ボルッカ
06 **벽지를 수수한 색으로 골라 볼까?**

□벽지：壁紙 □수수하다：地味だ

部屋の雰囲気がだいぶ変わった。

パン プヌィギガ マニ パックィオンネ
07 **방 분위기가 많이 바뀌었네.**

□분위기：雰囲気

小さい棚でも1つつけよう。

チャグン ソンバニラド ハナ タラヤゲッタ
08 **작은 선반이라도 하나 달아야겠다.**

□선반：棚 □달다：取りつける

何か新居に引っ越してきたような感じだ。

ムォンガ セジブロ イサオン ヌッキミネ
09 **뭔가 새집으로 이사온 느낌이네.**

□뭔가：何か □새집：新しい家 □느낌：感じ

今日の作業は着々と進んでいる方だ。

オヌル チャゴブン チャクチャク チャル チネンドゥェヌン ピョニネ
10 **오늘 작업은 착착 잘 진행되는 편이네.**

□작업：作業 □착착：着々 □진행되다（進行ー）：進められる

## 文法POINT

ヌン ピョニダ
## -는 편이다 ：～する方だ

何かをする傾向があることを表す。

コンブルル ヨルシミ ハヌン ピョニエヨ
▷ **공부를 열심히 하는 편이에요.** 勉強を一生懸命やる方です。

ハングン ノレルル チャル ブルヌン ピョニダ
▷ **한국 노래를 잘 부르는 편이다.** 韓国の歌がうまい方だ。

07. 庭・ガーデニング 047

# いつの間にか新芽がいっぱい生えてきた！

オ ヌ セ　セッサギ
# 어느새 새싹이
マ ニ　ト ダ ナン ネ
# 많이 돋아났네！

庭の雑草をちょっと取らなくちゃ。

マダンエ チャプチョルル チョム ッポ バ ヤ ゲッタ
01 마당의 잡초를 좀 뽑아야겠다.

□마당：庭 □잡초：雑草 □뽑다：抜く、取る

家庭菜園にサンチュとセリを植えてみたいな。

トッパテ サンチュハゴ ミナリルル シモ ボゴ シムネ
02 텃밭에 상추하고 미나리를 심어 보고 싶네.

□텃밭：家庭菜園 □상추：サンチュ □미나리：セリ □심다：植える

ベランダのミニトマトが大きくなったな。

ペランダエ パンウルトマトガ マニ チャランネ
03 베란다의 방울토마토가 많이 자랐네.

□방울토마토：ミニトマト □자라다：育つ、大きくなる

マツバボタンとヒマワリも植えてみよう！

チェソンファハゴ ヘバラギド シモ ボヮヤジ
04 채송화하고 해바라기도 심어 봐야지！

□채송화：マツバボタン □해바라기：ヒマワリ

ナスがいっぱい鈴なりになったな。

カジガ チュロンジュロン マニ タルリョンネ
05 가지가 주렁주렁 많이 달렸네.

□가지：ナス □주렁주렁：鈴なりに、ふさふさと □달리다：なる、ぶらさがる

今年も柿がいっぱいなればいいなあ。

06 オレド カミ マニ ヨルリミョン チョケッタ
**올해도 감이 많이 열리면 좋겠다.**

□올해：今年 □감：柿 □열리다：なる、実る

サルスベリの花は本当に100日以上持つみたいだ。

07 ペギロン ッコチュン チョンマル ペギル イサン カヌン ゴッ カタ
**백일홍 꽃은 정말 백일 이상 가는 것 같아.**

□백일홍（百日紅）：サルスベリ □이상：以上 □가다：行く、持つ

芝生を育てるというのは簡単ではない。

08 チャンディルル カックンダヌン ゴン マンマンチャナ
**잔디를 가꾼다는 건 만만찮아.**

□잔디：芝 □만만찮다：ままならない

このバラはちょっと剪定した方がよさそうだ。

09 イ チャンミヌン カジルル チョム チヌン ゲ チョケッチ
**이 장미는 가지를 좀 치는 게 좋겠지.**

□장미（薔薇）：バラ □가지：枝 □치다：打つ

そういえば毎年肥料を与えていたのに、今年はやってない。

10 クロゴ ボニ ヘマダ ピリョルル チュダガ オレヌン アン ジュオンネ
**그러고 보니 해마다 비료를 주다가 올해는 안 주었네.**

□그러고 보니：そういえば □해마다：毎年 □비료：肥料

## 文法POINT

タガ
## -다가：〜して、〜する途中で、〜ていたが

続いていた物事がいったん中断して、他に変わることを表す。

ピガ オダガ ヘガ ナワッソヨ
▷ **비가 오다가 해가 나왔어요.** 雨が降っていましたが、晴れました。

チョニョグル モクタガ チョヌヮルル パダッソヨ
▷ **저녁을 먹다가 전화를 받았어요.** 夕食を食べている途中で電話に出ました。

08. 近所付き合い　048

## 家の周りをいつもきれいにしなくちゃ。

チプ チュウィルル ヌル
# 집 주위를 늘
ッケックタゲ ヘヤジ
# 깨끗하게 해야지!

お隣が新しく引っ越してきた。仲良くしなくちゃ。

ヨプチビ セロ イサ ワンネ　サイジョケ チネヤジ
**01 옆집이 새로 이사 왔네. 사이좋게 지내야지.**

□새로：新しく □사이좋다：仲がいい □지내다：過ごす

回覧板が回ってきたのか。早く回さなくちゃ。

フェラムパニ ワッソックナ　ッパルリ トルリョヤジ
**02 회람판이 왔었구나. 빨리 돌려야지.**

□회람판：回覧板 □돌리다：回す

近所のおばあさんが犬を連れて散歩しているんだ。

イウッチプ ハルモニガ カンアジルル テリゴ サンチェカヌングナ
**03 이웃집 할머니가 강아지를 데리고 산책하는구나.**

□이웃집：隣近所 □데리다：連れる □산책하다（散策ー）：散歩する

裏の家のバラが美しく咲いている。

トゥイッチプ チャンミガ アルムダプケ ピオンネ
**04 뒷집 장미가 아름답게 피었네.**

□뒷집：（裏手の）お隣 □아름답다：美しい □피다：咲く

お向かいが分けてくれたミカンは甘くておいしいな。

アプチベソ カッタ ジュン キュルン タルコマゴ マシンネ
**05 앞집에서 갖다 준 귤은 달콤하고 맛있네.**

□앞집：（前の）お隣 □갖다 주다：持ってきてくれる □달콤하다：甘い

今週の掃除当番はうちだな。

06 イボン チュ チョンソ タンボヌン ウ リ グ ナ
**이번 주 청소 당번은 우리구나.**

□청소 (清掃) : 掃除 □당번 : 当番

お向かいの家はいつも家の前をきれいに掃除してるな。

07 コンノッ チ プン オンジェ ナ チ バ プル ッケックタ ゲ チョンソハネ
**건넛집은 언제나 집앞을 깨끗하게 청소하네.**

□건넛집 : お向かい □깨끗하다 : きれいだ

家の前の街灯が点滅している。

08 チ バプ カロドゥンイ ッカムバクッカムバカネ
**집 앞 가로등이 깜박깜박하네.**

□가로등 (街路灯) : 街灯 □깜박깜박하다 : 点滅する

来月の祭りのときは絶対参加しなくちゃ。

09 タ ウム タル マッス リ ッテンッコク チャム ガ ヘ ヤ ジ
**다음 달 마쓰리 땐 꼭 참가해야지.**

□땐 (←때는) : ときは □참가하다 : 参加する

雨がいっぱい降っても排水は心配ないと言ってたよね。

10 ピ ガ マ ニ ワ ド ペ ス ヌン ムンジェオプ タ ゴ ヘッ チ
**비가 많이 와도 배수는 문제없다고 했지!?**

□배수 : 排水 □문제없다 : 問題ない、大丈夫だ

## 文法POINT

タ ゴ
### -다고 : ～(だ)と

(形容詞について) 第三者から聞いた内容や、自分の考えなどを伝えるとき使う。

オル キョ ウ ルン ピョル ロ アン チュプタゴ ハ ネ
▷ **올 겨울은 별로 안 춥다고 하네.** 今年の冬はあまり寒くないと言ってるね。

イ ッコチュン チョンマル イェップ ダ ゴ セン ガ ケ ヨ
▷ **이 꽃은 정말 예쁘다고 생각해요.** このお花は本当にきれいだと思います。

## 09. 冠婚葬祭　049

今月は結婚式が多いな。

# 이번 달엔 결혼식이 많네!

イボン タレン キョロンシギ マンネ

来月は甥の婚約式があるな。

01 다음 달엔 조카 약혼식이 있지.

タウム タレン チョカ ヤコンシギ イッチ

□조카：甥 □약혼식（約婚式）：婚約式

今日の結婚式の主人公は美男美女。

02 오늘 결혼식 주인공은 선남선녀!

オヌル キョロンシク チュインゴンウン ソンナムソンニョ

□결혼식：結婚式 □주인공：主人公 □선남선녀（善男善女）：きれいな若い男女

クリスマスパーティーに参加しなくちゃ。

03 크리스마스 파티에 참가해야지.

クリスマス パティエ チャムガヘヤジ

□참가하다：参加する

韓国は今頃、秋夕だろうな。

04 한국은 지금쯤 추석이겠구나.

ハンググン チグムッチュム チュソギゲックナ

□지금쯤：今頃 □추석（秋夕）：韓国の旧盆

今度のお正月には家に帰ろう。

05 이번 설날에는 집에 가야지!

イボン ソルラレヌン チベ カヤジ

□설날：お正月

列車のチケットを早めに予約しなくちゃ。

キ チャピョルル ミ リ イェメ ヘ ヤゲッタ
06 **기차표를 미리 예매해야겠다!**

□기차표 (汽車票) : 列車のチケット □예매하다 (予買ー) : (チケットなどを) 予約する

お世話になった方々に年賀状を送ろう。

シン セ ジン ブンドゥルッケ ヨナチャンウル ポ ネジャ
07 **신세 진 분들께 연하장을 보내자!**

□신세 지다 : お世話になる □연하장 : 年賀状

義理の親に両親の日のご挨拶をしなきゃね。

シ ブ モ ニムッケ オ ボ イ ナル イン サ ルル トゥリョ ヤ ジ
08 **시부모님께 어버이날 인사를 드려야지.**

□시부모님 (ー父母ー) : 夫のご両親 □어버이날 : 両親の日 # 5月8日 □드리다 : 差し上げる、申し上げる

母方の叔父の葬式に参列しなければ。

ウェサムチョン チャンネ シ ゲ タ ニョ ワ ヤ ジ
09 **외삼촌 장례식에 다녀와야지.**

□외삼촌 (外三寸) : 母方の叔父 □장례식 (葬礼式) : 葬式 □다녀오다 : 行ってくる

急に亡くなるとは胸が痛む。

カプチャ ギ トラ ガ シ ダ ニ マ ウ ミ ア プ ダ
10 **갑자기 돌아가시다니 마음이 아프다.**

□갑자기 : 急に □돌아가다 : 亡くなる #「죽다 (死ぬ)」の敬語で、おもに「돌아가시다」の形で使われる

## 文法POINT

タ ニ
### -다니 : ～するとは、～(だ)とは、～なんて

ある出来事について、驚きや感嘆などの気持ちを表す。

ア ム デ ソ ナ タム ベ ルル ピ ウ ダ ニ
▷ **아무데서나 담배를 피우다니.** 所かまわずタバコを吸うなんて。

ソ ラク サ ニ イ ロ ケ キョンチ ガ ア ルム ダプ タ ニ
▷ **설악산이 이렇게 경치가 아름답다니.** 雪岳山がこんなに景色がいいなんて。

10. 招待　050

# 新居祝いのプレゼントは何がいいだろうか。

チプトゥリ　ソンムルン
# 집들이 선물은
ムォガ　チョウルッカ
# 뭐가 좋을까?

家の中をきれいに掃除しなければ。

チ パ ヌル ッケック シ　チ ウォ ヤ　ドゥエル テン デ
01 **집안을 깨끗이 치워야 될 텐데.**

□집안：家の中、家庭　□치우다：片付ける、掃除する

新居祝いのときはプルコギとキムチを準備しなくちゃ。

チプトゥ リ　ッテン プル ゴ ギ ワ　キム チ ルル　チュンビ ヘ　ヤ ゲッ タ
02 **집들이 땐 불고기와 김치를 준비해야겠다.**

□집들이：新居祝い

新居祝いのプレゼントはトイレットペーパーと洗剤がいいだろう。

チプトゥ リ　ソン ム ルン トゥ ル　マ リ　ヒュ ジ ハ ゴ　セ ジェ ガ　チョ ケッ チ
03 **집들이 선물은 두루말이 휴지하고 세제가 좋겠지.**

□두루말이 휴지：トイレットペーパー　□세제：洗剤

天気がいいから、バーベキュー日和だ。

ナルッシ ガ　チョ タ　ニ　パ　ベ キュ ハ　ギ エン　チェ ゴ　ダ
04 **날씨가 좋다니 바베큐하기엔 최고다.**

□바베큐：バーベキュー　□최고：最高

マッコリも好きかも知れない。

マッコル リ　ド　チョ ア ハル チ　モ ル ゲン ネ
05 **막걸리도 좋아할지 모르겠네.**

□막걸리：マッコリ

お菓子はエビせんとイカピーナッツでどうだろう。

06 クヮジャヌン セウッカンハゴ オジンオッタンコンイ オットルッカ
**과자는 새우깡하고 오징어땅콩이 어떨까!?**

□과자（菓子）：お菓子 □새우깡：エビせん □오징어땅콩：イカピーナッツ

お客さんが大勢いらっしゃるのは何となく気が重い。

07 ソンニムドゥリ マニ オシンダニ クェニ プダムスロムネ
**손님들이 많이 오신다니 괜히 부담스럽네.**

□괜히：何となく □부담스럽다（負担ー）：負担に思う

みんな楽しく時間を過ごしてくれてうれしい。

08 モドゥ チュルゴプケ シガヌル ポネゴ イッスニ ポギ ジョタ
**모두 즐겁게 시간을 보내고 있으니 보기 좋다.**

□즐겁다：楽しい □보내다：過ごす

みなでおいしい料理を食べてぱっと大騒ぎ。

09 タドゥル マシンヌン ウムシク モッコ ハンバタン ワクチャジッコル
**다들 맛있는 음식 먹고 한바탕 왁자지껄!**

□한바탕：ひとしきり □왁자지껄：大騒ぎ、大盛り上がり

お腹がいっぱいだと言って、それ以上食べないね。

10 ペガ プルダミョンソ ト イサン アン モンネ
**배가 부르다면서 더 이상 안 먹네.**

□부르다：お腹がいっぱいだ □더 이상：（もっと以上→）これ以上

## 文法POINT

タミョンソ
## -다면서 ：～（だ）と言って、～（だ）と言いながら

（形容詞などについて）あることを話しながら、また、別の言動をするときに使う。

パップダミョンソ アチムド アン モッコ カッタ
▷ **바쁘다면서 아침도 안 먹고 갔다.** 忙しいと言って朝ご飯も食べないで行った。

シガニ オプタミョンソ パップゲ チュルグネッタ
▷ **시간이 없다면서 바쁘게 출근했다.** 時間がないと言いながら急いで出勤した。

朝から夜寝るまでのひとりごと韓国語

# SCENE 6
# 夜

- ▷ 夕食
- ▷ アルコール
- ▷ テレビを見る
- ▷ 音楽を聞く
- ▷ ドラマを見る
- ▷ 読書
- ▷ 携帯電話
- ▷ スマホ・PCゲーム・インターネット
- ▷ 入浴
- ▷ ベッドの中で

01. 夕食 051

# 今日の夕食は何を食べようか。

オ ヌル チョニョグン
# 오늘 저녁은
ムォル モグルッカ
# 뭘 먹을까!?

おいしい夕ご飯を作らなくちゃ。

チョニョクパブン マシッケ マンドゥロヤゲッタ
01 **저녁밥은 맛있게 만들어야겠다.**

□저녁밥：夕ご飯 □맛있다：おいしい

まあ、今日は出前を取って食べようか。

オヌルン クニャン シキョソ モグルッカ
02 **오늘은 그냥 시켜서 먹을까?**

□그냥：そのまま□시키다：(させる→) 出前を取る

夕食は外で食べて帰ろう。

チョニョグン パッケソ モッコ トゥロガヤゲッタ
03 **저녁은 밖에서 먹고 들어가야겠다.**

□밖：外 □들어가다：(入っていく→) 帰る

朝の食べ残しのプルコギを食べちゃおうっと！

アチメ モクタ ナムン プルゴギルル モゴ チウジャ
04 **아침에 먹다 남은 불고기를 먹어 치우자!**

□먹다 남다：食べていて残る □먹어 치우다：食べて片付ける

海鮮鍋を作って食べてみようかな。

センソンッチゲルル マンドゥロ モゴ ボルッカ
05 **생선찌개를 만들어 먹어 볼까?**

□생선찌개 (生鮮ー)：海鮮鍋

チャプチェの作り方がここにちゃんと出ている。

チャプチェ マンドゥヌン ポビ ヨギ チャル ナワ インネ
06 잡채 만드는 법이 여기 잘 나와 있네.

□잡채（雑菜）：チャプチェ □만드는 법：（作る法→）作り方 □나오다：（出てくる→）出る

おいしいキムチチヂミをお腹いっぱいごちそうになった。

マシンヌン キムチジョヌル ペブルリ チャル モゴッタ
07 맛있는 김치전을 배불리 잘 먹었다.

□김치전（－煎）：キムチチヂミ □배불리：お腹いっぱいに

味噌チゲをもう少し薄味に作らなきゃ。

トゥエンジャンッチゲルル チョグム ド シンゴプケ マンドゥロ ヤゲッタ
08 된장찌개를 조금 더 싱겁게 만들어야겠다.

□된장찌개：味噌鍋 □싱겁다：味が薄い

寝る前に食べすぎるとよくないだろう。

チャル ニョケ ノム マニ モグミョン アン ジョケッチ
09 잘 녘에 너무 많이 먹으면 안 좋겠지!

□잘 녘：寝しな、寝る前

おいし過ぎて、食べていたら永遠に食べられそうだね。

ノム マシッソソ モクタ ボニッカ ックドプシ モッケンネ
10 너무 맛있어서 먹다 보니까 끝없이 먹겠네!

□끝없이：際限なく

## 文法POINT

タ ボニッカ
### -다 보니까 ：～していたら、～しているうちに

何かを続けているうちに、新しい発見があったことを表す。

コッタ ボニッカ オヌセ コンウォネ トチャケッソヨ
▷ 걷다 보니까 어느새 공원에 도착했어요. 歩いていたらいつの間にか公園に着きました。

チャジュ マンナダ ボニッカ チョンイ トゥロッソヨ
▷ 자주 만나다 보니까 정이 들었어요. 会っているうちに親しくなりました。

02. アルコール　052

# 家に帰って軽く一杯飲もう。

チベ　カソ　カビョプケ
# 집에 가서 가볍게

ハンジャネヤジ
# 한잔해야지!

晩酌がしたい。

01 パンジュルル ハンジャナゴ シムネ
**반주를 한잔하고 싶네.**

□반주(飯酒):食事のときに飲む少量の酒

屋台で焼酎でも一杯やろうかな。

02 ポジャンマチャエソ ソジュラド ハンジャネヤゲッタ
**포장마차에서 소주라도 한잔해야겠다.**

□포장마차(布張馬車):屋台

焼酎の度数がだいぶ低くなったようだ。

03 ソジュ トスガ マニ ナジャジン ゴッ カタ
**소주 도수가 많이 낮아진 것 같아.**

□도수:度数 □낮아지다:低くなる

ビールはやはり一杯目が最高だ。

04 メクチュヌン ヨクシ チョッジャンッチェガ チェゴヤ
**맥주는 역시 첫 잔째가 최고야!**

□첫 잔:最初の杯

このマッコリは後味がすっきりしているな。

05 イ マッコルリヌン トゥィンマシ ッカルックマネ
**이 막걸리는 뒷맛이 깔끔하네.**

□뒷맛:後味 □깔끔하다:さっぱりしている

このおつまみは焼酎とよく合うね。

06 이 안주는 소주와 잘 어울리네.
(イ アンジュヌン ソ ジュ ワ チャル オ ウル リ ネ)

□안주（按酒）：おつまみ □어울리다：似合う、合う

雨の降る日は何と言ってもネギチヂミが一番だ。

07 비 오는 날은 뭐니 뭐니 해도 파전이 최고야！
(ピ オ ヌン ナ ルン ムォ ニ ムォ ニ ヘ ド パ ジョ ニ チェ ゴ ヤ)

□뭐니 뭐니 해도：何と言っても □파전（－煎）：ネギチヂミ

チメクは最近中国でも人気があるらしい。

08 치맥은 요즘 중국에서도 인기가 있다지！
(チ メ グン ヨ ジュム チュン グ ゲ ソ ド イン キ ガ イッ タ ジ)

□치맥（－麦）：チキンとビール □-다지：（←다고 하지）～だそうだよ、～なんだって

このお酒は思ったよりのど越しがまろやかね。

09 이 술은 생각보다 목넘김이 부드럽네.
(イ ス ルン セン ガク ボ ダ モン ノム ギ ミ プ ドゥ ロム ネ)

□술：お酒 □목넘김：のど越し □부드럽다：柔らかい

こうやって飲んでいると下手すれば飲みすぎそう。

10 이렇게 마시다 보면 자칫 과음하겠다.
(イ ロ ケ マ シ ダ ボ ミョン チャ チッ クァ ウ マ ゲッ タ)

□자칫：ややもすれば □과음하다（過飲－）：飲み過ぎる

## 文法POINT

### -다 보면（タ ボ ミョン）：～していると、～しているうちに

先行節の行動や状態を続けると、後続節の結果が生じるということを表す。

▷ 돈은 쓰다 보면 금방 없어진다.（ト ヌン ッス ダ ボ ミョン クム バン オプ ソ ジン ダ） お金は使っているうちに、すぐなくなる。

▷ 힘들어도 참다 보면 좋은 일이 생길 거야.（ヒム ドゥ ロ ド チャム タ ボ ミョン チョ ウン ニ リ セン ギル コ ヤ） 辛くても我慢しているうちによいことがあるだろう。

03. テレビを見る　053

# 今日はどんなニュースがあったんだろう。

オ ヌ ルン　オ ットン
# 오늘은 어떤
ニュ ス ガ　イッソッ チ
# 뉴스가 있었지!?

9時のニュースの女性キャスターは素敵だ！

アホプシ ニュ ス　エンコ ウ モヌン　モシッ ソ
**01 9시 뉴스 앵커우먼은 멋있어!**

□앵커우먼：(アンカーウーマン→) 女性のニュースキャスター　□멋있다：素敵だ

10時からやってるドラマは面白そうだ。

ヨル シ ブ ト　ハ ヌン トゥ ラ マ ヌン チェ ミ イッケッ タ
**02 10시부터 하는 드라마는 재미있겠다.**

□재미있다：面白い

このお笑い番組を見て、お腹がよじれるほど笑った。

イ　ケ グ　プ ロ ルル　ポ ゴ　ペッコ ビ　ッパ ジ ケ　ウ ソッ タ
**03 이 개그 프로를 보고 배꼽이 빠지게 웃었다.**

□개그：(ギャグ→) お笑い　□배꼽이 빠지다：(臍が抜ける→) お腹がよじれる

何でこんなニュースをやるのか訳がわからない。

ウェ　イ ロン　ニュ ス ルル　ハ ヌン ジ　アル ダ ガ ド　モ ル ゲン ネ
**04 왜 이런 뉴스를 하는지 알다가도 모르겠네.**

□알다가도 모르다：(わかるようでわからない→) 訳がわからない

ニュースを本当にわかりやすく伝えていると思う。

ニュ ス ルル　チョンマル アル ギ　シュィプケ チョ ナ ヌン ゴッ　カ タ
**05 뉴스를 정말 알기 쉽게 전하는 것 같아.**

□알기 쉽다：わかりやすい　□전하다 (伝一)：伝える

この番組は面白くて、とても勉強にもなる。

イ プ ロヌン チェミイッコ コンブ ド マ ニ ドゥェ
**06** 이 프로는 재미있고 공부도 많이 돼!

□공부가 되다：勉強になる、役立つ

あの映画はまだ見ていない映画じゃないか。

ク ヨンファヌン ミ チョ モッ ポン ヨンファジャ ナ
**07** 그 영화는 미처 못 본 영화잖아.

□미처：いまだ、まだ

このドキュメンタリーは撮るのにだいぶ苦労しただろう。

イ タキュメント リヌン ッチンヌラ コ セン マ ニ ヘッケッ タ
**08** 이 다큐멘터리는 찍느라 고생 많이 했겠다.

□다큐멘터리：ドキュメンタリー □찍다：撮る

話題のドラマを見ないわけにはいかないよね。

ファジェ エ トゥ ラ マ ルル アン ポル ス ガ オプ チ
**09** 화제의 드라마를 안 볼 수가 없지!

□화제：話題

この番組、最初は面白かったのに、最近はつまらなくなってしまった。

イ プ ロ チョ ウ メヌン チェ ミ イット ニ ヨ ジュムン シ シ ヘ ジョ ン ネ
**10** 이 프로 처음에는 재미있더니 요즘은 시시해졌네.

□시시해지다：つまらなくなる

## 文法POINT

ト ニ
## -더니 ： ～したのに、～かったのに、～だったが

先行節のことと、後続節のことが対照をなしていることを表す。

チャジュ マン ナ ド ニ ヨ ジュムン ットゥマ ダ
▷ 자주 만나더니 요즘은 뜸하다.

しょっちゅう会っていたのに、最近はご無沙汰している。

チョ ウ メ ヌン マ ニ ノル ラ ド ニ イジェン ピョルロ アン ノルラン ダ
▷ 처음에는 많이 놀라더니 이젠 별로 안 놀란다.

最初はだいぶ驚いていたが、もうあまり驚かない。

04. 音楽を聞く　054

## ゆったりとクラシックを聞いてみよう。

ヌグタゲ　クルレシグル
# 느긋하게 클래식을
トゥロ　ボジャ
# 들어 보자!

私の好きなラップのうまい歌手が出てる。

ネガ　チョアハヌン　レプ　チャラヌン　カスガ　ナワッタ
01 내가 좋아하는 랩 잘하는 가수가 나왔다.

□랩：ラップ　□잘하다：うまい、上手だ

アイドルは似ていて誰が誰なのかよくわからない。

アイドルン　ピステソ　ヌガ　ヌグンジ　チャル　モルゲッタ
02 아이돌은 비슷해서 누가 누군지 잘 모르겠다.

□아이돌：アイドル　□비슷하다：似ている　□누군지：(←누구인지) 誰なのか

この人たちはダンスもうまく、歌もうまいな。

イ　チングドゥルン　チュムド　チャル　チュゴ　ノレド　チャラネ
03 이 친구들은 춤도 잘 추고 노래도 잘하네.

□춤：ダンス　□추다：踊る

ジャズをいっぱい聞いていたら、耳になじんできた。

チェジュルル　マニ　トゥッタ　ボニ　クィエ　イッケ　ドゥェネ
04 재즈를 많이 듣다 보니 귀에 익게 되네.

□재즈：ジャズ　□귀에 익다：耳に慣れる、耳になじむ

韓国の民謡とパンソリを聞いてみようかな。

ハングゲ　ミニョハゴ　パンソリルル　トゥロ　ボルッカ
05 한국의 민요하고 판소리를 들어 볼까?

□민요：民謡　□판소리：パンソリ #韓国の伝統的な民俗芸能

この曲はいつ聞いてもいい。

06 이 곡은 언제 들어도 좋아!
イ ゴグン オンジェ トゥロド チョア

□곡：曲

「ミョンテ」という歌は歌詞もとても面白いな。

07 '명태'라는 노래는 가사도 참 재미있네.
ミョンテ ラヌン ノレヌン カサド チャム チェミインネ

□명태（明太）：スケトウダラ □가사：歌詞

チェロの演奏を聞くと気持ちが落ち着く。

08 첼로 연주를 들으면 마음이 차분해져.
チェルロ ヨンジュルル トゥルミョン マウミ チャブネジョ

□첼로：チェロ □연주：演奏 □차분해지다：落ち着く

いつか私もフルートが吹けたらいいのにな。

09 언젠가 나도 플루트를 불 수 있으면 좋겠다.
オンジェンガ ナド プルルトゥルル プル ス イッスミョン チョケッタ

□언젠가：いつか □플루트：フルート □불다：吹く

コンサートはどこでやろうと絶対行かないとな。

10 콘서트는 어디서 하든 꼭 가 봐야지.
コンソトゥヌン オディソ ハドゥン ッコク カ ボワヤジ

□콘서트：コンサート □꼭：必ず、是非

## 文法POINT

### -든：～しても、～でも
（トゥン）

「どのような場合でも構わない」ということを表す。

▷ 가고 싶은 데는 어디에 가든 괜찮아요.
カゴ シプン デヌン オディエ カドゥン クェンチャナヨ
行きたいところならどこに行ったって大丈夫です。

▷ 값이 싸든 비싸든 꼭 사고 싶어요.
カプシ ッサドゥン ピッサドゥン ッコク サゴ シポヨ
値段が安くても高くても、絶対買いたいです。

## 05. ドラマを見る　🔊 055

# 私の日常にドラマは清涼剤。

ネ　イルサンエ
# 내 일상에
トゥ ラ マ ヌン　チョンニャンジェ
# 드라마는 청량제!

このドラマは中毒性がある。

イ トゥ ラ マ ヌン チュンドゥクソン イ インネ
**01** 이 드라마는 중독성이 있네.

□중독성：中毒性

最近、アメリカのドラマを見ながら英語の勉強をしている。

ヨ ジュム ミ ドゥ ポミョンソ ヨン オ ゴン ブ ハ ゴ イッ ソ
**02** 요즘 미드 보면서 영어 공부하고 있어.

□미드：(←미국 드라마) アメリカのドラマ＃日本のドラマは「일드」

このドラマでは嫁姑の確執が半端ないな。

イ トゥ ラ マ エソン コ ブ ガルトゥンイ チャンナン ア ニ ネ
**03** 이 드라마에선 고부 갈등이 장난 아니네.

□고부 갈등 (姑婦葛藤)：嫁姑の確執　□장난(이) 아니다：(いたずらではない→) 半端ない

ドラマの主人公のような素敵な人がいないだろうか。

トゥ ラ マ エ チュインゴン ガトゥン モッチン サ ラ ミ オプスルッカ
**04** 드라마의 주인공 같은 멋진 사람이 없을까!?

□주인공：主人公　□멋지다：素敵だ

この女優は本当に演技がうまい。

イ ヨ ベ ウ ヌン チョンマル ヨン ギ チャラン ダ
**05** 이 여배우는 정말 연기 잘한다!

□여배우 (女俳優)：女優　□연기：演技

このドラマは途中にCMが多すぎる。

イ トゥラ マヌン トジュンエ シエプルル ノ ム マ ニ ハ ネ
06 **이 드라마는 도중에 CF를 너무 많이 하네.**

□도중에 : 途中に □CF : CM

ドラマの主題曲も気に入った。

トゥ ラ マ チュジェゴクト マ ウ メ トゥ ロ
07 **드라마 주제곡도 마음에 들어.**

□주제곡 : 主題曲 □마음에 들다 : 気に入る

このドラマ、本当にリアルによくできてる。

イ トゥ ラ マ チンッチャ シル ガム ナ ゲ チャル マンドゥロン ネ
08 **이 드라마 진짜 실감나게 잘 만들었네.**

□진짜 : 本当に □실감(이) 나다 : (実感が出る→) リアルだ

悲しいドラマを見て思いきり泣いたらストレスが解消！

スルプン トゥ ラ マ ポ ゴ ハン バ タン ウ ロッ ト ニ ストゥ レ ス ガ ヘ ソ
09 **슬픈 드라마 보고 한바탕 울었더니 스트레스가 해소!**

□슬프다 : 悲しい □한바탕 : ひとしきり □울다 : 泣く □해소 : 解消

このドラマは徹夜してでも最後まで見よう。

イ トゥ ラ マ ヌン パムセム ヘ ソ ラ ド ックッカ ジ ポァ ヤ ジ
10 **이 드라마는 밤샘해서라도 끝까지 봐야지.**

□밤샘하다 : 徹夜する □끝까지 : 最後まで

## 文法POINT

チャ
### -자 : ～しよう

友人や目下の人に何かを勧誘したり、提案したりするとき使う。

カ チ チョムシム モ グ ロ カ ジャ
▷ **같이 점심 먹으러 가자.** いっしょに昼ご飯を食べに行こう。

オ ヌル チョニョグン カ レ ラ イ ス ルル モクチャ
▷ **오늘 저녁은 카레라이스를 먹자.** 今日の夕ご飯はカレーを食べよう。

06. 読書　056

## ちょっと小説でも読んでみるか。

ソ ソ リ ナ ハンボン
# 소설이나 한번
イル ゴ ボルッカ
# 읽어 볼까!

この小説はなんか面白そうだ。

イ ソソル ムォンガ チェミイッスル コッ カンネ
**01** 이 소설 뭔가 재미있을 것 같네.

□소설：小説 □뭔가：何か

スマートフォンで小説が読めるようになってとても便利だ。

ス マトゥポ ヌ ロ ソ ソルル ポル ス イッソ ソ ノ ム ピョルリハダ
**02** 스마트폰으로 소설을 볼 수 있어서 너무 편리하다.

□스마트폰：スマートフォン □편리하다：便利だ

本当に詩を愛しているようだな。

チョンマル シルル チョ ア ハヌン モヤンイ グ ナ
**03** 정말 시를 좋아하는 모양이구나.

□정말：本当に □시：詩

この詩は読めば読むほど好きになる。

イ シヌン イルグルスロㇰ チョ ア ジ ネ
**04** 이 시는 읽을수록 좋아지네.

□읽을수록：読むほど □좋아지다：よくなる、好きになる

今度『ソナギ』を原書で読んでみよう。

タ ウ メ ソ ナ ギ ルル ウォンソ ロ イル ゴ ボァ ヤ ゲッタ
**05** 다음에 '소나기' 를 원서로 읽어 봐야겠다.

□소나기：夕立、にわか雨 □원서：原書

やはり世界の名作は何か違う。

06 역시 세계 명작은 뭐가 달라도 달라!

ヨクシ セゲ ミョンジャグン ムォガ タルラド タルラ

□뭐가 달라도 다르다 : (何が違っても違う→) さすが違う、一味違う

このレビューを読んでみたら本当に一度読んでみたくなった。

07 이 독후감을 읽어 보니 정말 한 번 읽어 보고 싶어졌어.

イ トクガムル イルゴ ボニ チョンマル ハン ボン イルゴ ボゴ シポジョッソ

□독후감 (読後感) : 読書感想文、レビュー

とりあえずダイジェストでも読んでみよう。

08 우선 다이제스트라도 읽어 봐야겠다.

ウソン タイジェストゥラド イルゴ ボヮヤゲッタ

□우선 (于先) : まず、とりあえず □다이제스트 : ダイジェスト

この作家の生き方も小説に負けないくらい数奇だったんだ。

09 이 작가의 삶도 소설 못지않게 기구했었구나.

イ チャッカエ サムド ソソル モッチアンケ キグヘッソックナ

□삶 : 生、人生 □못지 않다 : 劣らない □기구하다 (崎嶇－) : 数奇だ

『ノルウェーの森』をいっしょに読んでみようと言った。

10 '노르웨이의 숲' 을 같이 읽어 보자고 했다.

ノルウェイエ ス プル カチ イルゴ ボジャゴ ヘッタ

□노르웨이의 숲 : ノルウェーの森 # 村上春樹の小説

## 文法POINT

# -자고 : ～しようと

チャゴ

話し手が言ったり、第三者から聞いた勧誘や提案の内容を伝えたりするとき使う。

▷ 내일 저녁에 만나자고 했어요. 明日の夜、会おうと言った。

ネイル チョニョゲ マンナジャゴ ヘッソヨ

▷ 다음에 같이 김치를 담그자고 했어요. 今度いっしょにキムチを漬けようと話しました。

タウメ カチ キムチルル タムグジャゴ ヘッソヨ

07. 携帯電話 057

あれ？ 携帯電話が見当たらない。

# アヒュデボニ
# 아, 휴대폰이
# アンボインダ
# 안 보인다!?

この携帯電話はもう機種変更をしないとな。

イ ヒュデ ポヌン イジェ キジョンウル ピョンギョンヘヤゲッタ
01 **이 휴대폰은 이제 기종을 변경해야겠다.**

□휴대폰：(携帯フォン→) 携帯電話 □이제：もう □기종：機種 □변경하다：変更する

この携帯電話は本当にコスパが良いようだ。

イ ヒュデ ポヌン チョンマル カ ソンビ ガ チョウン ゴッ カ タ
02 **이 휴대폰은 정말 가성비가 좋은 것 같아.**

□가성비 (価性比)：コスパ

ついに片思いをしていた人の携帯電話の番号をゲット！

トゥディオ ッチャクサランハドン サ ラ メ ヘンドゥポン ボ ノ ルル ッタッタ
03 **드디어 짝사랑하던 사람의 핸드폰 번호를 땄다!**

□짝사랑하다：片思いする □핸드폰 번호：携帯電話の番号 □따다：取る、教えてもらう

前4ケタの番号が私とまったく同じなんだ。

ア ペ ネ ジャリ ポ ノ ガ ナ ハ ゴ ットクカンネ
04 **앞의 네 자리 번호가 나하고 똑같네.**

□네 자리：4ケタ □똑같다：まったく同じだ

私の携帯電話を教えてあげないとな。

ネ ヒュデポン ポ ノ ルル カ ル チョ ジュォヤゲッタ
05 **내 휴대폰 번호를 가르쳐 줘야겠다.**

□가르쳐 주다：教えてあげる

携帯電話があって、本当に便利な世の中だ。

ヒュデポニ イッソソ チョンマル ピョルリハン セサンイジ
06 휴대폰이 있어서 정말 편리한 세상이지.

□편리하다：便利だ □세상(世上)：世の中

携帯電話で撮った写真が本当にきれいに撮れているな。

ヒュデポヌロ ッチグン サジニ ノム チャル ナワンネ
07 휴대폰으로 찍은 사진이 너무 잘 나왔네.

□나오다：(出てくる→)撮れる

携帯電話にこんな機能があるとは知らなかった。

ヒュデポネ イロン キヌンイ インヌン ジュル モルラッタ
08 휴대폰에 이런 기능이 있는 줄 몰랐다.

□기능：機能

何回メールを送っても返事がないな。

ムンチャルル ミョッ ポニナ ポネド タビ オムネ
09 문자를 몇 번이나 보내도 답이 없네.

□문자(文字)：携帯のメール □답(答)：返事

この前は携帯電話を買ってすぐ失くしてしまった。

チナンボネヌン ヒュデポヌル サジャマジャ イロボリョッチ
10 지난번에는 휴대폰을 사자마자 잃어버렸지.

□지난번：先日、この間 □잃어버리다：失くす、失くしてしまう

## 文法POINT

チャマジャ
### -자마자 ： ～するやいなや、～してすぐ

ある状況が起きてから、すぐに別の状況が続くことを表す。

ソウレ カジャマジャ チングルル マンナッソヨ
▷ 서울에 가자마자 친구를 만났어요. ソウルに行ってすぐ友だちに会いました。

チョムシムル モクチャマジャ ナッチャムル チャッソヨ
▷ 점심을 먹자마자 낮잠을 잤어요. 昼ご飯を食べてすぐ昼寝をしました。

08. スマホ・PCゲーム・インターネット　058

# このノートパソコンは軽くて性能もいい。

イ　ノ　トゥ　ブ　グン　カ　ビョブ　コ
# 이 노트북은 가볍고
ソン　ヌン　ド　チョン　ネ
# 성능도 좋네!

ネットで検索してみよう。

イントネスロ　コムセケ　ボジャ
01 **인터넷으로 검색해 보자.**

□검색하다：検索する

このソフトは本当に使いやすい。

イ　ソ　プトゥヌン　チンッチャ　ッス　ギ　ピョナ　ダ
02 **이 소프트는 진짜 쓰기 편하다.**

□진짜：本当に　□쓰기 편하다：使いやすい

面白いユーチューブが多くて時間が過ぎるのを忘れる。

チェミインヌン　ユテュブ　ガ　マ　ナ　ソ　シガン　カ　ヌン　ジュル　モ　ル　ゲッ　タ
03 **재미있는 유튜브가 많아서 시간 가는 줄 모르겠다.**

□유튜브：ユーチューブ

このサイトはかなり役立つ。

イ　サ　イトゥヌン　ト　ウ　ミ　マ　ニ　ドゥェ
04 **이 사이트는 도움이 많이 돼.**

□사이트：サイト　□도움이 되다：役立つ

この圧縮ファイルを解凍しなければならないんだけどよくわからないな。

イ　アプチュク　パ　イル　プ　ロ　ヤ　ゲンヌン　デ　チャル　モ　ル　ゲン　ネ
05 **이 압축 파일 풀어야겠는데 잘 모르겠네.**

□압축 파일：圧縮ファイル　□풀다：解く、解凍する

容量が大きすぎるから2つに分けて送ろう。

ヤンイ ノム マナソ トゥルロ ナヌォソ ポネヤゲッタ
06 양이 너무 많아서 둘로 나눠서 보내야겠다.

□양：量 □나누다：分ける

あ、今まで入力したのが全部消えてしまった。

ア チグムッカジ イムニョカン ゲ タ ナラガ ボリョッタ
07 아, 지금까지 입력한 게 다 날아가 버렸다.

□입력하다：入力する □날아가다：(飛んでいく→) 消える

無料ウイルス対策ソフトは、ダウンロードして大丈夫だろうか。

ムリョ バイロス ペクシヌン タウンロドゥヘド クェンチャヌルッカ
08 무료 바이러스 백신은 다운로드해도 괜찮을까?

□바이러스：ウイルス □백신：ワクチン □다운로드하다：ダウンロードする

この写真をノートパソコンの壁紙にしよう。

イ サジヌル ノトゥブク ペギョン サジヌロ ヘヤジ
09 이 사진을 노트북 배경 사진으로 해야지.

□배경 사진 (背景写真)：背景画像、壁紙

ビルゲイツは失敗した末に、成功を収めたんだろう。

ピル ゲイチュヌン シルペハン ックテ ソンゴンウル コドゥオッスル コヤ
10 빌 게이츠는 실패한 끝에 성공을 거두었을 거야.

□실패하다：失敗する □성공：成功 □거두다：収める

### 文法POINT

ウンックテ
## -(으)ㄴ 끝에 ：～した末に

ある出来事をした結果を表すときに使う。

ヨルシミ コンブハンックテ シホメ ハプキョケッタ
▷ 열심히 공부한 끝에 시험에 합격했다. 一生懸命勉強した末に、試験に合格した。

オレ コミナンックテ コベグル ヘッタ
▷ 오래 고민한 끝에 고백을 했다. 長く悩んだ末、告白をした。

 059

## ちょっとのんびりとお風呂に入ろう。

チョム ヌ グ タ ゲ
# 좀 느긋하게
モ ギョ ケ ヤ ジ
# 목욕해야지！

あまり時間がないから、シャワーだけ浴びよう。

シ ガ ニ ピョルロ オプ ス ニ クニャン シャウォマン ヘ ヤ ゲン ネ
**01** 시간이 별로 없으니 그냥 샤워만 해야겠네.

□별로（別ー）：あまり、大して

シャンプーとリンスが残り少なくなったな。

シャンプ ハ ゴ リン ス ガ オル マ アン ナ マン ネ
**02** 샴푸하고 린스가 얼마 안 남았네.

□샴푸：シャンプー □린스：リンス □남다：残る

バスタブにお湯をためておこう。

ヨクチョ エ モギョンム ルル パ ダ ドゥジャ
**03** 욕조에 목욕물을 받아 두자.

□욕조：浴槽、湯舟、バスタブ □목욕물（沐浴ー）：風呂の湯 □받다：ためる

今日はちゃんと垢すりをしないとな。

オ ヌルン チェ デ ロ ッテルル ミ ロ ヤ ゲッ タ
**04** 오늘은 제대로 때를 밀어야겠다.

□제대로：ちゃんと □때를 밀다：垢をする

お湯が熱すぎる。ちょっと水を足さなくちゃ。

モギョンムリ ノ ム ットゥゴムネ チャンムルル チョム ポ テ ヤ ゲッ タ
**05** 목욕물이 너무 뜨겁네. 찬물을 좀 보태야겠다.

□뜨겁다：熱い □찬물：（冷たい）水 □보태다：足す

鏡が曇って何も見えない。

コウリ プイェソ アム ゴット アン ボインダ
06 **거울이 부얘서 아무 것도 안 보인다.**

□거울：鏡 □부옇다：ぼやけている

この石鹸はバラの香りがする。

イ ピ ヌヌン チャンミヒャンイ ナ ネ
07 **이 비누는 장미향이 나네.**

□비누：石鹸 □장미향(薔薇香)：バラの香り

あ、体重がまた増えた。どうしよう!?

ア モムムゲガ ットヌロッタ オットカジ
08 **아, 몸무게가 또 늘었다! 어떡하지!?**

□몸무게：体重 □늘다：増える □어떡하다(←어떠하게 하다)：どうする

全身の疲れが全部取れた感じがする。

オンモメ ピロガ タ プルリン ゴッ カッタ
09 **온몸의 피로가 다 풀린 것 같다.**

□온몸：全身 □피로(疲労)：疲れ □풀리다：解ける、取れる

お風呂に入った後は、体をきれいによく拭かなくちゃ。

モギョグル ハン ダウメ モムル ッケックシ チャル タッカヤジ
10 **목욕을 한 다음에 몸을 깨끗이 잘 닦아야지.**

□깨끗이：きれいに □닦다：拭く

## 文法POINT

ウ ン ダウメ フエ
## -(으)ㄴ 다음에/후에 ：～した後に、～した次に

ある出来事が終わった後で行(おこな)ったことを表す。

モンジョ スルル シキン ダウメ アンジュルル シキョッソヨ
▷ **먼저 술을 시킨 다음에 안주를 시켰어요.** まずお酒を頼んだ後、料理を注文しました。

チェグル イルグン フエ トクガムル ッソッタ
▷ **책을 읽은 후에 독후감을 썼다.** 本を読んだ後、読書感想文を書いた。

## 10. ベッドの中で　060

# もうこんな時間になったんだ。

ポルッソ　シガニ
**벌써 시간이**
イロケ　ドゥエンネ
**이렇게 됐네!**

早く寝なきゃ！明日も早く起きなくちゃいけないから。

イルッチク　チャヤジ　ネイルド　イルッチク　イロナヤ　ハニッカ
**01 일찍 자야지! 내일도 일찍 일어나야 하니까!**

□일찍：早く　□일어나다：起きる

とりあえずパジャマに着替えて、ぐっすり寝よう。

イルタン　チャモスロ　カライプコ　チャムル　プク　チャ　ボジャ
**02 일단 잠옷으로 갈아입고 잠을 푹 자 보자.**

□일단（一旦）：とりあえず、一応　□갈아입다：着替える　□푹：ぐっすり

よく眠れそうもないけど、寝ないとな。

チャミ　チャル　ア　ノルコッ　カッチマン　チャムル　チョンヘヤジ
**03 잠이 잘 안 올 것 같지만 잠을 청해야지.**

□잠이 오다：眠くなる　□청하다（請－）：求める、頼む

とても眠くてずっとあくびが出てくるな。

ノム　チョルリョソ　ハプミ　ケソク　ナオネ
**04 너무 졸려서 하품이 계속 나오네.**

□졸리다：眠い　□하품이 나오다：あくびが出る　□계속（継続）：ずっと、引き続き

明日のスケジュールをチェックしなくちゃ。

ネイル　スケジュルル　チェク　ヘヤジ
**05 내일 스케줄을 체크해야지.**

□스케줄：スケジュール　□체크하다：チェックする

寝る前にいつものようにストレッチをしよう。

06 チャギ ジョネ オンジェナチョロム ストゥレチンウル ヘ ボジャ
자기 전에 언제나처럼 스트레칭을 해 보자.

□언제나처럼：いつものように □스트레칭：ストレッチ

まず足をそろえて、足の裏が前に行くように伸ばす。

07 モンジョ タリルル モウゴ パルパダギ アプロ カドロクピョンダ
먼저 다리를 모으고 발바닥이 앞으로 가도록 편다.

□모으다：集める、そろえる □발바닥：足の裏 □펴다：伸ばす

やっと眠れそうだ。

08 イジェ キョウ チャル ス イッスル ッコッ カッタ
이제 겨우 잘 수 있을 것 같다.

□겨우：やっと

羊が1匹、羊が2匹…、いくつくらい数えた？

09 ピョル ハナ ナ ハナ ピョルトゥル ナ トゥル ミョチナ セン ゴヤ
별 하나, 나 하나, 별 둘, 나 둘…, 몇이나 센 거야？

□별 하나 나 하나…：（星1つ、私1つ…） □몇：いくつ □세다：数える

新しいエアコンは予想どおり性能がいい。

10 セ エオコヌン イェサンハン デロ ソンヌンイ チョンネ
새 에어컨은 예상한 대로 성능이 좋네！

□예상하다：予想する □성능：性能

## 文法POINT

ウン デロ
### -(으)ㄴ 대로：～したままに、～したとおりに

先行節の過去の動作や状態と同じようにという意味を表す。

ポン デロ トゥルン デロ イェギヘッソヨ
▷ 본 대로 들은 대로 얘기했어요. 見たまま、聞いたままを話しました。

センガカン デロ シホムン ノム オリョウォッソヨ
▷ 생각한 대로 시험은 너무 어려웠어요. 思った通り、試験は難しすぎました。

その他のシーン別のつぶやき

# SCENE 7
# 気持ちの表現

- うれしい・悲しい
- 祝福する・おめでとう
- 恥ずかしい
- がっかり・残念
- 元気・頑張れ
- 驚き・びっくり
- 面白い・楽しい
- 好き・嫌い
- ほしい・願望
- 安心・不安

01. うれしい・悲しい　061

## ついに試験に合格！

シ　ホ　メ
# 시험에
トゥディ オ　ハプキョク
# 드디어 합격!

好きなアイドルのコンサートチケットを確保。

チョア ハヌン ア イドル コン ソ トゥ ティケッ フワクポ
**01 좋아하는 아이돌 콘서트 티켓 확보!**

□티켓：チケット □확보：確保

ついに我が国が世界大会で優勝。

ウ リ ナ ラ ガ トゥディオ セ ゲ デフェ エ ソ ウ スン
**02 우리나라가 드디어 세계 대회에서 우승!**

□세계 대회：世界大会 □우승：優勝

今日は天気がよくて、ハイキング日和だ。

オ ヌルン ナルッシ ガ チョ ア トゥンサ ナ ギ アンソンマッチュ ミ ダ
**03 오늘은 날씨가 좋아 등산하기 안성맞춤이다.**

□등산：登山、ハイキング □안성맞춤：打ってつけ

ついにプロポーズされた。

トゥディ オ プ ロ ポ ジュルル パ ダッ タ
**04 드디어 프러포즈를 받았다!**

□드디어：とうとう、やっと □받다：もらう、うける

うちの子がついに第一志望の会社に就職。

ウ リ エ ガ トゥディ オ ウォ ナ ドン フェ サ エ チュィジク
**05 우리 애가 드디어 원하던 회사에 취직!**

□애（←아이）：子ども □원하다（願ー）：希望する □취직：就職

うちのチームが負けてしまった。ああ、悔しい！

06 ウ リ ティミ チョ ボリョッタ　アイゴ ソクサンヘ
우리 팀이 져 버렸다. 아이고 속상해!

□지다：負ける □아이고：ああ！ □속 (이) 상하다：悔しい

今回の試験にまた落ちちゃったんだ。ほんと残念だね。

07 イボン シホメ ット ットロジョ ボリョックナ チャム アンドゥェンネ
이번 시험에 또 떨어져 버렸구나. 참 안됐네!

□떨어지다：落ちる □안되다：残念だ

あの2人が別れたって!? 残念だな。

08 クトゥ サラミ ヘオジョッタゴ アン タッカムネ
그 두 사람이 헤어졌다고!? 안타깝네.

□헤어지다：別れる □안타깝다：不憫だ、残念だ

最近景気がよくなくて、商売がからっきしだ。

09 ヨジュムキョンギガ アン ジョア チャンサガ トン アンドゥェ
요즘 경기가 안 좋아 장사가 통 안돼.

□경기：景気 □장사：商売 □통：まったく

事業で成功したおかげで、たくさん稼いだ。

10 サオベ ソンゴンハン トゥプネ トヌル マニ ポロッタ
사업에 성공한 덕분에 돈을 많이 벌었다.

□사업：事業 □성공하다：成功する □벌다：稼ぐ

## 文法POINT

### -(으)ㄴ 덕분에（ウン トゥプネ）：～したおかげで

先行節の出来事のおかげで、後続節の結果をもたらすということを表す。

▷ ソンニミ マニ オン トゥプネ クェンチャナヨ
손님이 많이 온 덕분에 괜찮아요.
お客さんがたくさん来てくれるおかげで、うまくいってます。

▷ イェップン サジヌル マニ ッチグン トゥプネ チュルゴウォッソヨ
예쁜 사진을 많이 찍은 덕분에 즐거웠어요.
きれいな写真がたくさん撮れたおかげで楽しかったです。

02. 元気・頑張れ 062

## 自分で考えても自分はすごい。

ネ ガ セン ガ ケ ド
# 내가 생각해도
ネ ガ テ ダ ネ
# 내가 대단해!

明日とうとう韓国語の検定試験。頑張らなくちゃ。

ネ イル トゥディオ ハン グ ゴ コムジョン シ ホム パ イティン ヘ ヤ ジ
01 **내일 드디어 한국어 검정 시험! 파이팅 해야지!**

□검정:検定 □파이팅:(パイティン→)ファイト

あと数か月だけ返したら、ローンを全部返したことになる。

イ ジェ ミョッ タルマン ト プウミョン テチュルル タ カプ ケ ドゥエンダ
02 **이제 몇 달만 더 부으면 대출을 다 갚게 된다!**

□붓다:(注ぐ→)返す □대출(貸出):ローン □갚다:返す

今回の試験はしっかり受けよう。最善を尽くさなくちゃ。

イ ボン シ ホムンチャル チ ジャ チェ ソ ヌル タ ヘ ヤ ジ
03 **이번 시험은 잘 치자! 최선을 다해야지!**

□치다:(試験を)受ける □최선:最善 □다하다:尽くす

一歩一歩前に進むのが大事!

ハン ゴルム ハン ゴルム ア プ ロ ナ ア ガヌン ゲ チュンヨヘ
04 **한걸음 한걸음 앞으로 나아가는 게 중요해!**

□한걸음:一歩 □나아가다:進む □중요하다:重要だ

失敗は成功のもと。失敗を恐れてはいけない!

シル ペ ヌン ソンゴン エ オ モ ニ シル ペ ルル トゥリョウォ ハミョンアンドゥェ
05 **실패는 성공의 어머니! 실패를 두려워하면 안돼!**

□실패:失敗 □성공:成功 □두려워하다:恐れる

覚えた単語を何度も忘れてしまうけど、でもまた覚えないとな。

ウェウン タ ノ ルル チャック イジョボ リ ジマン ク レ ド ット ウェウォ ヤ ジ
06 외운 단어를 자꾸 잊어버리지만 그래도 또 외워야지.

□외우다：覚える □잊어버리다：忘れてしまう

うまくできないのは恥ずかしいことではない。

チャル モ タヌン ゴン プックロウン イ リ ア ニ ヤ
07 잘 못하는 건 부끄러운 일이 아니야!

□잘 못하다：うまくできない □부끄럽다：恥ずかしい

音痴で何が悪い。楽しく歌えたらいいじゃないか。

ウムチミョン オ ッテ チュルゴプケ ノルミョンドゥェ ジ
08 음치면 어때!? 즐겁게 놀면 되지!

□음치：音痴 □어때?：どうだ、いかが □놀다：遊ぶ

私の歳が何だってんだ！恋に歳は関係ない。

ネ ナ イ ガ オッテソ サ ラン エ ムォ ナ イ ガ イン ナ
09 내 나이가 어때서! 사랑에 뭐 나이가 있나!?

□나이：歳、年齢 □어때서（←어떠해서）：どうした（といって） □뭐：何、別に

フルマラソンに挑戦したことがあった。

マ ラトン プルコ ス ト ジョナン ジョ ギ イッソッ チ
10 마라톤 풀코스 도전한 적이 있었지!

□도전하다：挑戦する □적：こと、とき

## 文法POINT

ウ ン ジョ ギ
### -(으)ㄴ 적이 ：～したことが

過去の経験を説明するとき使う。

セ ボン ソ ウ レ カン ジョ ギ イッ ソ ヨ
▷ 세 번 서울에 간 적이 있어요. 3回ソウルに行ったことがあります。

イ ス ピルン イルグン ジョ ギ オプ ソ ヨ
▷ 이 수필은 읽은 적이 없어요. このエッセイは読んだことがありません。

03. 好き・嫌い　063

## このリンゴの味、最高！甘酸っぱい。

イ　サグヮ　マッ　ックンネジュネ
# 이 사과 맛 끝내주네!
セコムダルコム
# 새콤달콤!

このマクワウリは甘くてシャキシャキ。

イ　チャメヌン　タルコマゴ　アサクアサク
01 **이 참외는 달콤하고 아삭아삭!**

□참외：マクワウリ　□달콤하다：甘い　□아삭아삭：サクサク

このケーキは甘ったるくなくて、私の好みにぴったり。

イ　ケイクヌン　アン　ダラソ　ネ　イベ　ッタン　マンネ
02 **이 케이크는 안 달아서 내 입에 딱 맞네!**

□딱：ちょうど　□맞다：合う

あの人は性格もよくて、私の好きなタイプだ。

ク　サラムン　ソンキョクト　チョコ　ネガ　チョアハヌン　タイビヤ
03 **그 사람은 성격도 좋고, 내가 좋아하는 타입이야.**

□성격：性格　□타입：タイプ

牛肉スープはいくら食べても飽きない。

ソゴギグクン　アムリ　モゴド　チルリジ　アナ
04 **소고기국은 아무리 먹어도 질리지 않아!**

□소고기국：牛肉のスープ　□질리다：飽きる

やっぱりマッコリのおつまみにはネギチヂミが一番だ。

ヨクシ　マッコルリ　アンジュヌン　パジョニ　チェゴヤ
05 **역시 막걸리 안주는 파전이 최고야!**

□파전：ネギチヂミ　□최고：最高

この音楽は私の好きな音楽ではない。

イ ウマグン ネガ チョアハヌン ウマギ アニヤ
06 **이 음악은 내가 좋아하는 음악이 아니야.**

□음악：音楽

演技もイマイチなうえ、私生活も問題が多いとか。

ヨンギド ピョルロインデダガ サセンファルド ムンジェガ マンタナ
07 **연기도 별로인데다가 사생활도 문제가 많다나.**

□연기：演技 □별로：さほど、たいして □사생활：私生活

この料理は辛くてしょっぱくて、ちょっとイマイチだな。

イ ウムシグン メプコ ッチャソ チョム クロンネ
08 **이 음식은 맵고 짜서 좀 그렇네.**

□맵다：辛い □짜다：しょっぱい □그렇다：(そうだ→) いまいちだ

あの映画はスケールだけでっかくて感動的じゃない。

ク ヨンファヌン スケイルマン コッチ カムドンジョギジ アナ
09 **그 영화는 스케일만 컸지, 감동적이지 않아.**

□스케일：スケール □만：〜だけ □감동적：感動的

いくら何でもあんまりだ。この歌を歌って何年目？

アムリ クレド クロチ イ ノレ プルン ジ ミョンニョンッチェヤ
10 **아무리 그래도 그렇지, 이 노래 부른 지 몇 년째야.**

□그래도 그렇다：それでもそうだ □부르다：歌う

## 文法POINT

ウ ン ジ
## -(으)ㄴ 지：〜してから、〜して

ある行為が起こってからの時間の経過を表し、後続節には「期間や時間」を表す言葉が続く。

ハングゲ オン ジ ポルッソ ソク タルッチェエヨ
▷ **한국에 온 지 벌써 석 달째예요.** 韓国に来てもう3か月目です。

チョムシムル モグン ジ タソッ シガニナ チナッソヨ
▷ **점심을 먹은 지 다섯 시간이나 지났어요.** 昼ご飯を食べて5時間も経ちました。

# 04. 祝福する・おめでとう 064

あ、お祝いしてあげなくちゃ。

ア<br>
아,<br>
チュカ ヘ ジュォヤジ<br>
축하해 줘야지!

あ、プレゼントは何にしようか。

ア ソンムルル ムォロ ハルッカ

01 아, 선물을 뭐로 할까.

□뭐로：何に、何で

商品券と現金、どっちの方がいいかな。

サンプムクォナゴ ヒョングム オヌ ゲ ト チョウルッカ

02 상품권하고 현금, 어느 게 더 좋을까?

□상품권：商品券 □현금：現金

誕生日のプレゼントはやっぱり花が一番だろう！

センイル ソンムルン ヨクシ ッコチ チェゴゲッチ

03 생일 선물은 역시 꽃이 최고겠지!

□역시：やはり □꽃：花

大学合格おめでとう！これまでお疲れ様。

テハク ハプキョク チュカヘ クドンアン スゴ マナッソ

04 대학 합격 축하해! 그동안 수고 많았어.

□합격：合格 □그 동안：(その間→) これまで □수고(手苦)：苦労

ご懐妊祝いのメッセージを送らないとな。

イムシン チュカ メシジ ポネヤジ

05 임신 축하 메시지 보내야지.

□임신：妊娠 □메시지：メッセージ

(生まれてくる赤ちゃんのために)よいものだけ聞いて、見て、食べて、考えましょう。

チョウン ゴンマン トゥッコ ポゴ モッコ センガケヨ
06 좋은 것만 듣고, 보고 ,먹고, 생각해요.

□듣다:聞く □생각하다:考える、思う

全国のど自慢で1位になるなんて!

チョングク ノレ チャランエソ イルトゥンウル ヘッタニ
07 전국 노래 자랑에서 일등을 했다니!

□전국:全国 □노래 자랑:(歌自慢→)のど自慢 □일등:1等、1位

賞をもらうなんてすごい!

サンウル パッタニ セサンエ イロル スガ
08 상을 받다니 세상에 이럴 수가!

□상:賞 □세상에 이럴 수가:(世の中にこんなことが→)すごい、ウソでしょ

近いうちに祝賀パーティーでもしないとな。

カッカウン シイル ネエ チュカ パティラド ヘヤゲッタ
09 가까운 시일 내에 축하 파티라도 해야겠다!

□시일(時日):期日、期限

感謝の気持ちを忘れて生きるのはだめだ。

カムサハン マウムル イジュン チェ サルミョン アンドゥェジ
10 감사한 마음을 잊은 채 살면 안되지!

□감사하다:感謝する □잊다:忘れる □안되다:いけない

## 文法POINT

ウン チェ
## -(으)ㄴ 채 : ~したままで

ある動作や状態が続く状態で次の動作や状態に移るときに使う。

ヒュデポヌル チベ トゥンチェ ナワッタ
▷ 휴대폰을 집에 둔 채 나왔다. 携帯電話を家においたまま出てきた。

ノクスル イルンチェ パラボァッソヨ
▷ 넋을 잃은 채 바라봤어요. ぼんやりとして眺めました。

## 05. 驚き・びっくり　065

まさか。ウソでしょ！

セ　サン　エ　イ ロ ル　ス　ガ
# 세상에 이럴 수가!

うわぁ、あの人とここで会うなんて。

ア　チョ チン グ ルル　ヨ ギ ソ　マン ナ ダ ニ
**01** **아, 저 친구를 여기서 만나다니!**

□친구：友だち、人、やつ＃親しみを込めて指すとき使う語

身長が2メートルを超えるなんて驚くべきことだ。

キ ガ　イ ミ ト ガ　ノム タ ニ　ッカムッチャク ノル ラル　イ リ ダ
**02** **키가 2미터가 넘다니 깜짝 놀랄 일이다!**

□키：身長 □넘다：超える □깜짝：ぎょっと □놀라다：驚く

油断大敵！

ソル マ ガ　サ ラム　チャム ヌン ダ ド ニ
**03** **설마가 사람 잡는다더니!**

□설마가 사람 잡는다：（まさかということが人を殺す→）油断してはいけない

こんなところにこんな素敵ないい店があったんだ。

イ ロン　ゴ セ　イ ロン　モッチン　マッ チ ビ　イッソン ネ
**04** **이런 곳에 이런 멋진 맛집이 있었네!**

□멋지다：素敵だ □맛집：グルメ店

あまりにも辛くて倒れそうだ。

ノ　ム　ヒム ドゥ ロ　ッス ロ ジル　コッ　カッ タ
**05** **너무 힘들어 쓰러질 것 같다.**

□힘들다：大変だ □쓰러지다：倒れる

一部の政治家たちは見ていられない。

イル ブ チョンチインドゥルン ヌン ットゥ ゴ モッ ポヮ ジュゲッ タ

**06** 일부 정치인들은 눈 뜨고 못 봐 주겠다.

□정치인（政治人）：政治家 □눈 뜨고 못 보다：（目を開けて見られない→）見ていられない

あきれて言葉も出ないよ。

キ ガ マキョ マ リ アン ナ オ ネ

**07** 기가 막혀 말이 안 나오네.

□기가 막히다：あっけに取られる □말이 안 나오다：（言葉が出てこない→）言葉を失う

給料が少なすぎる。話にならない。

ウォルグビ チュィッコリマナネ マル ド アンドゥェ

**08** 월급이 쥐꼬리만하네. 말도 안돼!

□쥐꼬리만하다：（ネズミのしっぽくらいである→）ほんのわずかだ

平気でうそを言うから、あきれかえるよ。

コ ジン マ ルル パム モクトゥ シ ハ ニ オ ア ニ ボンボン ヘ ジ ネ

**09** 거짓말을 밥 먹듯이 하니 어안이 벙벙해지네.

□밥 먹듯이 하다：（ご飯を食べるようにする→）平気でする □어안이 벙벙하다：唖然とする、あっけに取られる

意味のない言葉を繰り返すからうんざりだ。

ハ ナ マ ナ ハン マ ルル ケ ソ カ ニ オ チョ グ ニ オプ ソ

**10** 하나마나 한 말을 계속하니 어처구니없어.

□계속하다（継続ー）：続ける □어처구니없다：あきれる、あっけにとられる

## 文法POINT

ウ ナ マ ナ

## -(으)나마나 ： ～するまでもなく、～してもしなくても

してもしなくても結果が変わらなかったり、似たような結果が予想されたりするとき使う。

カ ナ マ ナ チ グム カ ド ピョルル モッ ク ハル コ ヤ

▷ 가나마나 지금 가도 표를 못 구할 거야.

行くも何も、今行ってもチケットを買えないよ。

イ ウム シ グン モ グ ナ マ ナ マ シ ピョルロイル コッ カ タ

▷ 이 음식은 먹으나마나 맛이 별로일 것 같아.

この料理はどうせ味がイマイチだと思うよ。

06. ほしい・願望 066

## 早く彼氏に会いたい。

ツパルリ　ナムチヌル
# 빨리 남친을
マンナゴ　シプタ
# 만나고 싶다.

初雪の日に会えるかな。

チョンヌン オ ヌン ナル マンナル ス イッスルッカ
01 첫눈 오는 날 만날 수 있을까?

□첫눈：初雪

もう少し痩せられたらいいんだけど。

チョム ド ナルッシネ ジミョン チョ ウルテン デ
02 좀 더 날씬해지면 좋을 텐데.

□날씬해지다：スリムになる

今度新しくスーツを1着あつらえなくちゃ。

イ ボ ネ ヤン ボ グル セ ロ ハン ボル マッチュ オ ヤ ゲッ タ
03 이번에 양복을 새로 한 벌 맞추어야겠다.

□양복(洋服)：背広、スーツ □벌：〜着 □맞추다：あつらえる

私の願いがきっとかなうといいな。

ネ ソ ウォ ニ ッコク イ ル オ ジミョン チョケッ タ
04 내 소원이 꼭 이루어지면 좋겠다.

□소원(所願)：願い □이루어지다：なされる

素敵なバッグが1つほしい。

モッチン ペ グル ハ ナ カッ コ シ ポ
05 멋진 백을 하나 갖고 싶어!

□멋지다：素敵だ □갖다：持つ

歌のうまい人がうらやましい。

ノ レ ルル チャ ラ ヌン サ ラムドゥ リ プ ロプ タ
06 **노래를 잘하는 사람들이 부럽다.**

□잘하다 : うまい、上手だ □부럽다 : うらやましい

うちの家族がいつも健康であるよう祈ろう。

ウ リ カジョクドゥ リ ヌル コンガン ハ ド ロク キ ド ヘ ヤ ジ
07 **우리 가족들이 늘 건강하도록 기도해야지.**

□건강하다 : 健康だ □기도하다 (祈祷ー) : 祈る

早くお金を稼いで家を買いたい。

ッパル リ ト ヌル ポ ロ ソ チ プル サ ゴ シプ タ
08 **빨리 돈을 벌어서 집을 사고 싶다!**

□벌다 : 稼ぐ

愛する人と結婚できればいいのに。

サ ラン ハ ヌン サ ラムグヮ キョ ロ ナル ス イッ スミョン チョケッ タ
09 **사랑하는 사람과 결혼할 수 있으면 좋겠다.**

□결혼하다 : 結婚する

幸せに暮らしているから、こっちもうれしくなる。

ヘン ボ カ ゲ チャルサニッカ ポ ギ ジョンネ
10 **행복하게 잘사니까 보기 좋네.**

□잘살다 : 豊かに暮らす、よい暮らしをする □보기 좋다 : 素晴らしい、(見ていて) うれしくなる

## 文法 POINT

ウ ニ ッカ

### -(으)니까 : ～から、～ので

先行文の理由で後続文のことが起きることを表す。後続文には、勧誘、命令、禁止などの表現を用いることができる。

チョンチョ リ ト ッパ ル ニ ッカ チョンチョルル タ ヨ
▷ **전철이 더 빠르니까 전철을 타요!** 電車の方が早いから電車に乗りましょう。

ト ウ ニッカ エ オ コ ヌル キョ ヤ ゲッタ
▷ **더우니까 에어컨을 켜야겠다.** 暑いからエアコンをつけよう。

07. 恥ずかしい 067

## ああ、恥ずかしくてたまらない。

アイゴ
# 아이고,
プックロウォ チュッケッタ
# 부끄러워 죽겠다!

英語ができなくてちょっと恥ずかしい。

ヨンオルルチャル モテソ チョムチャンピヘ
01 **영어를 잘 못해서 좀 창피해.**

□창피하다(猖披-):恥ずかしい

今日の発表は緊張しすぎてちゃんとできなかった。

オヌル パルピョヌン ノム ットルリョソ チェデロ モテッタ
02 **오늘 발표는 너무 떨려서 제대로 못했다.**

□발표:発表 □떨리다:震える

貧乏なのは恥ずかしいことではない。

カナナン ゲ プックロウン ゲ アニジ
03 **가난한 게 부끄러운 게 아니지!**

□가난하다:貧しい、貧乏だ □부끄럽다:恥ずかしい

私があんな馬鹿なことをしでかすなんて。

ネガ クロン モンチョンハン チスル ハダニ
04 **내가 그런 멍청한 짓을 하다니.**

□멍청하다:間抜けだ、ばかだ □짓:仕業、ふるまい

悪いことをやっても恥ずかしいと思わないなんて。

ナップン ジスル ハゴド プックロウン ゴル モルダニ
05 **나쁜 짓을 하고도 부끄러운 걸 모르다니.**

□나쁘다:悪い

馬鹿にもほどがある。

パ ボ ド カ ジ ガ ジ ネ
**06** **바보도 가지가지네.**

□가지가지 : いろいろ、さまざま

居眠りしていて乗り過ごしてしまった。

チョルダ ガ ネ リル ヨ グル チ ナ チョ ボ リョッ タ
**07** **졸다가 내릴 역을 지나쳐 버렸다.**

□졸다 : 居眠りする □내리다 : 降りる □지나치다 : 通り過ぎる

人間なら少しは恥を知らないと。

サ ラ ミ チョ グムン ヨム チ ガ イッ ソ ヤ ジ
**08** **사람이 조금은 염치가 있어야지.**

□염치 (廉恥) : 世間体を繕ったり、恥を知る心

良心もないな。恥を知らないんだ。

ヤンシム ド オプ チ プック ロ ウン ゴル モ ル ネ
**09** **양심도 없지. 부끄러운 걸 모르네.**

□양심 : 良心

恥ずかしすぎて、顔も上げられない。

ノ ム チャンピ ヘ ソ オル グ ルル モッ トゥル コッ カッ タ
**10** **너무 창피해서 얼굴을 못 들 것 같다.**

□너무 : あまりにも □얼굴을 못 들다 : (顔を上げられない→) 顔向けできない

## 文法POINT

ウ ル コッ カッ タ
## -(으)ㄹ 것 같다 : ~(し)そうだ、~(する)ようだ

漠然と推測したり、間接的な根拠によって推測したりするときに使う。

パン グ ミ ラ ド ヌ ニ オル コッ カ タ ヨ
▷ **방금이라도 눈이 올 것 같아요.** 今にも雪が降りそうですね。

パッ パ ソ チョムシム モ グル シ ガ ニ オプスル コッ カッ タ
▷ **바빠서 점심 먹을 시간이 없을 것 같다.** 忙しくて昼ご飯を食べる時間がなさそうだ。

## 08. 面白い・楽しい　068

本当に超おかしい。

チョンマル　ペッコプ　チャプケンネ
# 정말 배꼽 잡겠네!

爆笑したら、ストレスが全部解消できた。

ハンバタン ウソットニ ストゥレスガ タ ナラガッタ
01 한바탕 웃었더니 스트레스가 다 날아갔다.

□한바탕：ひとしきり　□날아가다：飛んでいく、消える

本当に久しぶりに面白い話を聞いた。

チョンマル オレガンマネ ウスウン イヤギルル トゥロッタ
02 정말 오래간만에 우스운 이야기를 들었다.

□우습다：おかしい、こっけいだ

何か面白いことがないだろうか。

ムォンガ チェミインヌン イリ オプスルッカ
03 뭔가 재미있는 일이 없을까!?

□뭔가：何か

この映画はつまらなくて見ていられない。

イ ヨンファヌン シシヘソ モッ ポゲッタ
04 이 영화는 시시해서 못 보겠다.

□시시하다：つまらない、くだらない

このゲームは英語の勉強にもなるし、本当に一挙両得だね。

イ ケイムン ヨンオ ゴンブド ドゥェゴ チョンマル ックォン モッコ アル モッコネ
05 이 게임은 영어 공부도 되고 정말 꿩 먹고 알 먹고네.

□꿩 먹고 알 먹다：（キジを食べて、卵も食べる→）一挙両得

今日は友だちと愉快に楽しい時間を過ごした。

チングドゥルグヮ オ ブ タ ゲ チュルゴウン シ ガヌル ポネッタ
06 친구들과 오붓하게 즐거운 시간을 보냈다.

□오붓하다 : 和やかだ

楽しい人生はいつだって青春だ。

チュル ゴ ウン インセンウン オンジェ ナ チョンチュニダ
07 즐거운 인생은 언제나 청춘이다!

□인생 : 人生 □청춘 : 青春

短い人生楽しく生きよう。

ッチャルブンインセン チュルゴプケ サ ラ ヤ ジ
08 짧은 인생 즐겁게 살아야지!

□짧다 : 短い

耐え続ければぱっと日の射す日も来るだろう。

チャム コ キョンディミョン ッチェンハゴ ヘ ットゥル ナル ド オ ゲッ チ
09 참고 견디면 쨍하고 해 뜰 날도 오겠지!

□참고 견디다 : 耐え忍ぶ □쨍하고 해가 뜨다 : (ぱっと日が昇る→) ぱっと晴れる

ちょっと待ってよ！私がおごるから。

チョグムマン キ ダ リョ ラ ネ ガ ハントンネル ケ
10 조금만 기다려라! 내가 한턱낼게!

□한턱내다 : おごる、ご馳走する

## 文法POINT

ウ ル ケ
### -(으)ㄹ게 : ～する(ね)

ある行動に対する約束や意志を表す。

メ イル ロ チン グ ドゥラン テ ヨル ラ カル ケ
▷ 메일로 친구들한테 연락할게. メールでみんなに連絡するね。

チョムシ ムン イッタ ガ モ グル ケ ヨ
▷ 점심은 이따가 먹을게요. 昼ご飯はあとで食べます。

**09. 安心・不安** 069

## ああ、やっと試験が終わった。

ア　トゥディ オ　シ ホ ミ

# 아, 드디어 시험이

タ　ックンナッ タ

# 다 끝났다!

無事に両家の顔合わせが終わってよかった。

ム サ ヒ サンギョン ネ ガ チャル ックン ナ　タ ヘン イ ダ

**01** 무사히 상견례가 잘 끝나 다행이다.

□무사히：無事に □상견례（相見礼）：両家の初顔合わせ

大学に合格したからもう一安心だね。

テ ハ ゲ ハプキョケッスニ イ ジェ ハン シ ルム ノ ア ド ドゥェゲッチ

**02** 대학에 합격했으니 이제 한시름 놓아도 되겠지.

□합격하다：合格する □한시름 놓다：一息つく、一安心する

この歌を聞くと気持ちが落ち着く。

イ ノ レ トゥ ルミョン マ ウ ミ プ グ ネ ジン ダ

**03** 이 노래 들으면 마음이 푸근해진다.

□푸근해지다：暖かくなる、落ち着く

いい会社に就職できてよかった。

チョウン フェ サ エ チュィジケソ タ ヘン イ ダ

**04** 좋은 회사에 취직해서 다행이다.

□취직하다：就職する

若いからといって油断は禁物！ちゃんと健康を維持しないと。

チョムタゴ パン シ ムン クムムル コンガンウル チャル チ キョ ヤ ジ

**05** 젊다고 방심은 금물! 건강을 잘 지켜야지.

□젊다：若い □방심（放心）：油断 □금물：禁物 □지키다：守る

今日は何だかちょっと気分が滅入るな。

オ ヌルン ウェンジ キ ブ ニ チョム ウ ウランデ

06 오늘은 왠지 기분이 좀 우울한데.

□왠지：何となく □우울하다：憂鬱だ

何でも良い方向に考えないと。

ムォドゥンジ チョウン ッチョグ ロ センガ ケ ヤ ジ

07 뭐든지 좋은 쪽으로 생각해야지.

□뭐든지：何でも

最近は心配事が絶えないな。

ヨ ジュムン コㇰチョンコリガ ックニジル アン ネ

08 요즘은 걱정거리가 끊이질 않네.

□걱정거리：心配事 □끊이다：絶える

始めたら半分（終わったようなもの）と言うし、とりあえずやってみよう。

シ ジャギ パ ニ ラ ヌンデ イルタン シ ジャ ケ ポ ジャ

09 시작이 반이라는데 일단 시작해 보자!

□시작이 반（始作一半）：始まるのが半分＃物事は始まりさえすれば何とかなる

余計な心配はもうやめようか。

ッスルテオムヌン コㇰチョンウン イ ジェ ク マ ナルッカ

10 쓸데없는 걱정은 이제 그만할까?

□쓸데없다：役に立たない □그만하다：やめる

## 文法POINT

ウ ル ッカ

### -(으)ㄹ까 ：～しようか、～だろうか、～する？

推量や勧誘をしたり、または相手の意志をうかがったりするときに使う。

ネ イル ド ナルッシ ガ マルグルッカ ヨ

▷ 내일도 날씨가 맑을까요？ 明日も天気が晴れるでしょうか。

ヨル ラ ギ イッスル ッテッカ ジ チョム ド キ ダ リルッカ ヨ

▷ 연락이 있을 때까지 좀 더 기다릴까요？ 連絡があるまでもう少し待ちましょうか。

## 10. がっかり・残念　070

ああ、うちのチームが負けてしまった。

ア　ウ　リ　ティ　ミ
# 아, 우리 팀이
チョ　ボ　リョッ　タ
# 져 버렸다!

雨のせいでテニスをしに行けそうにない。

ピッテムネ　テニス　チロ　モッ　カゲッタ
01 **비 때문에 테니스 치러 못 가겠다.**

□테니스를 치다：(テニスを打つ→) テニスをする

この服は小さすぎて着られない。

イ　オスン　ノム　チャガ　モン　ニプケッタ
02 **이 옷은 너무 작아 못 입겠다.**

□작다：小さい □입다：着る

あ、塩を入れ過ぎちゃったな。

ア　ソグムル　ノム　マニ　ノオ　ボリョンネ
03 **아, 소금을 너무 많이 넣어 버렸네.**

□소금：塩 □넣다：入れる

ボタンを押し間違えて、データが全部飛んでしまった。

ポトゥヌル　チャルモン　ヌルロ　チャリョガ　タ　ナラガ　ボリョンネ
04 **버튼을 잘못 눌러 자료가 다 날아가 버렸네.**

□버튼：ボタン □누르다：押す

名物にうまいものなしと言うけど、このお店の料理もイマイチだな。

ソムンナン　チャンチエ　モグル　コッ　オプタドニ　イジプ　ウムシク　ピョルロネ
05 **소문난 잔치에 먹을 것 없다더니 이집 음식 별로네.**

□소문나다：噂する、評判だ □잔치：宴、宴会

新しく赴任した社長はちょっとないな。

06 セ ロ オン サジャンウン チョム ア ニン ゴッ カッタ
새로 온 사장은 좀 아닌 것 같다.

□아니다：違う

景色は期待外れだな。

07 キョンチ ヌン センガク ポ ダ チョム ク ロン ネ
경치는 생각보다 좀 그렇네.

□경치（景致）：景色 □그렇다：（そうだ→）満足でない、いまいちだ

期待が大きければ、失望も大きいに決まっている。

08 キ デ ガ クミョン シルマン ド クン ポプ
기대가 크면 실망도 큰 법!

□기대：期待 □실망：失望

すぐ別れてしまって少し残念だ。

09 クムバン ヘ オ ジ ゲ ドゥェオ チョム アシュィムネ
금방 헤어지게 되어 좀 아쉽네.

□금방（今方）：すぐ、間もなく □헤어지다：別れる □아쉽다：心残りだ、名残惜しい

不満を言おうか言うまいか迷ってしまうな。

10 プル マ ヌル マ ラルッカ マルッカ マン ソ リョ ジ ネ
불만을 말할까 말까 망설여지네.

□불만：不満 □망설여지다：迷われる

## 文法POINT

### ウ ル ッカ マ ル ッカ
### -(으) ㄹ까 말까 ：～するかしないか

ある行動をやるのをためらったり、ある状態がぎりぎりの状況であったりすることを表す。

ヨンファルル ポルッカ マルッカ マン ソ リ ゴ イッ ソ
▷ 영화를 볼까 말까 망설이고 있어.　映画を見ようかどうしようか迷っている。

イ オスル イ プルッカ マルッカ センガク チュンイ ヤ
▷ 이 옷을 입을까 말까 생각 중이야.　この服を着ようかどうしようか考え中。

その他のシーン別のつぶやき

# SCENE 8
# アフター5

▷ 習い事に行く
▷ 銀行・ATM
▷ 図書館・本屋
▷ 帰宅
▷ 韓国語を習う
▷ カフェで
▷ 友人と会う
▷ 病院・薬局
▷ 美術館・博物館
▷ ジムに行く

## 01. 習い事に行く 071

# 今日は生け花を習いに行く日。

オ ヌ ルン ッコッコ ジ
# 오늘은 꽃꽂이
ペ ウ ロ カ ヌン ナル
# 배우러 가는 날!

ゴルフ練習場にでも行ってみようかな。

コル プ ヨンスプチャンエラド カ ボルッカ
01 **골프 연습장에라도 가 볼까!?**

□연습장：練習場

もうピアノを習いに行く時間だ。

ピ ア ノ ペ ウ ロ カル シ ガ ニ タ トゥェンネ
02 **피아노 배우러 갈 시간이 다 됐네.**

□배우다：習う

今日はとうとう合唱の発表会の日。

オ ヌ ルン トゥディ オ ハプチャン パルピョフェ ナル
03 **오늘은 드디어 합창 발표회 날!**

□드디어：とうとう □합창：合唱 □발표회：発表会

英会話の実力がなかなか伸びないけどがんばろう！

ヨン オ フェファ シルリョ ギ チョムチョロム チャル アン ヌル ジ マン パ イ ティン
04 **영어회화 실력이 좀처럼 잘 안 늘지만 파이팅!**

□실력：実力 □좀처럼：なかなか □늘다：伸びる

社交ダンスを習いに行く日！最近踊るのが楽しい。

サ ギョデン ス ペ ウ ロ カ ヌン ナル ヨジュム チュム チュヌン ゲ チュルゴ ウォ
05 **사교댄스 배우러 가는 날! 요즘 춤 추는 게 즐거워!**

□사교댄스：社交ダンス □춤：ダンス □추다：踊る

料理教室はいつも満員だな。

ヨ リ キョ シ ルン オンジェ ナ マ ヌォ ニ グ ナ
06 **요리 교실은 언제나 만원이구나.**

□교실：教室 □언제나：いつも □만원：満員

新しくできたヨガ教室に通ってみよう。

セ ロ センギン ヨ ガ キョ シ レ タ ニョ ボヮ ヤ ジ
07 **새로 생긴 요가 교실에 다녀 봐야지!**

□생기다：できる □다니다：通う

今度はぜひ製パン技能士の資格を取らなくちゃ。

イ ボ ネ ヌン チェッパン ギ ヌン サ チャギョグル ッコク ッタ ヤ ジ
08 **이번에는 제빵기능사 자격을 꼭 따야지!**

□제빵기능사：製パン技能士 □자격：資格 □따다：取る

まだ超初心者なんだけど、こつこつ練習すれば上達するだろう。

ア ジク ワンチョ ボ ジ マン ックジュ ニ ヨンスパミョン ヌルゲッ チ
09 **아직 왕초보지만 꾸준히 연습하면 늘겠지.**

□왕초보（王初歩）：超初心者 □꾸준히：着実に □연습하다：練習する

台風が来そうだから、テニスに行けない。

テ プン イ オル トゥ タ ニ ッカ テ ニ ス モッ カ ゲッ タ
10 **태풍이 올 듯하니까 테니스 못 가겠다.**

□태풍：台風

## 文法POINT

ウ ル トゥ タ ダ
### -(으)ㄹ 듯하다：～するようだ、～そうだ

ある物事から推測したり、察したりすることを表す。

イ キム チ ヌン チョム メ ウル トゥ テ ヨ
▷ **이 김치는 좀 매울 듯해요.** このキムチは少し辛そうです。

イ パン イ ク パン ポ ダ ト ノルブル トゥ タ ダ
▷ **이 방이 그 방보다 더 넓을 듯하다.** この部屋の方があの部屋より広そうだ。

02. 韓国語を習う　072

# 楽しい韓国語の授業。

チュル ゴ ウン
# 즐거운
ハン グ ゴ　ス オプ
# 한국어 수업!

今日の授業の準備をしなくちゃ。

オ ヌル　ス オプ チュンビ ルル　ヘ　ヤ　ジ
**01** 오늘 수업 준비를 해야지.

□수업：授業　□준비：準備

しっかり予習と復習をしよう。

イェスプクァ　ポク ス ブル　チェ デ ロ　ハ ジャ
**02** 예습과 복습을 제대로 하자!

□예습：予習　□복습：復習　□제대로：ちゃんと、まともに

単語は少しずつ覚えるしかないだろう。

タ ノ ヌン　チョグムッシク　ウェウル　ス パッ ケ　オプケッ チ
**03** 단어는 조금씩 외울 수밖에 없겠지.

□조금씩：少しずつ　□외우다：覚える

宿題は今日全部終わらせよう。

スクチェヌン　オ ヌル　タ　マ チョ ヤ ケッ タ
**04** 숙제는 오늘 다 마쳐야겠다!

□숙제：宿題　□마치다：終わる

とりあえず目に見えるものを全部韓国語で言ってみよう。

ウ ソン　ヌ ネ　ポ イ ヌン ゴル　モ ドゥ　ハン グ ゴ ロ　マ レ　ボ ジャ
**05** 우선 눈에 보이는 걸 모두 한국어로 말해 보자!

□보이다：見える　□모두：全部

検定試験は思ったよりちょっと難しかった。

コムジョン シ ホムン センガクボ ダ チョム オリョウォッソ
**06** 검정 시험은 생각보다 좀 어려웠어.

□검정 시험：検定試験 □어렵다：難しい

この単語の意味を辞書で引いてみよう。

イ タノ ットゥスル サジョネソ チャジャ ボジャ
**07** 이 단어 뜻을 사전에서 찾아 보자.

□단어：単語 □뜻：意味 □사전(辞典)：辞書 □찾다：引く、さがす

この問題は朝飯前だな。

イ ムンジェヌン ヌウォソ ットンモッキネ
**08** 이 문제는 누워서 떡 먹기네.

□누워서 떡 먹기：(横になって餅を食べること→)朝飯前

最近は単語を覚えてもすぐ忘れてしまう。

ヨジュムン ナンマルル ウェウォド クムバン イジョボリョ
**09** 요즘은 낱말을 외워도 금방 잊어버려!

□낱말：単語 □금방：すぐ □잊어버리다：忘れてしまう

内容がよくわからないときは聞いてみないとな。

ネヨンウル チャル モルル ッテヌン ムロ ボヮヤジ
**10** 내용을 잘 모를 때는 물어 봐야지.

□내용：内容 □모르다：わからない □묻다：聞く

**文法POINT**

ウ ル ッテ
## -(으)ㄹ 때：～するとき、～(な)とき

ある行為や状態が続いている時間や状態を表す。

ピガ オル ッテ イ ウサヌル ッスセヨ
▷ 비가 올 때 이 우산을 쓰세요. 雨が降るときは、この傘を使ってください。

ッチャル ッテヌン ムルル ト ノウセヨ
▷ 짤 때는 물을 더 넣으세요. しょっぱいときは水を足してください。

 073

## この病院はいつも混んでいるな。

イ　ピョンウォヌン
# 이 병원은
ヌル　プムビネ
# 늘 붐비네!

もう1時間も待ったんだ。

01 ポルッソ ハン シガニナ キダリョッチャナ
**벌써 1 시간이나 기다렸잖아!**

□벌써：もう □기다리다：待つ

耳鼻科は何階だったかな!?

02 イビイヌクヮヌン ミョッチュンイオッチ
**이비인후과는 몇 층이었지!?**

□이비인후과（耳鼻咽喉科）：耳鼻科 □몇 층（一層）：何階

早めに診察券を出しておこう。

03 チルリョカドゥルル ミリ ッコネ ノチャ
**진료카드를 미리 꺼내 놓자!**

□진료카드（診療ー）：診察カード □미리：前もって、早めに □꺼내다：取り出す

事前に検温と手の消毒をしないとな。

04 ミリ コモングヮ ソン ソドグル ヘヤジ
**미리 검온과 손 소독을 해야지.**

□검온：検温 □소독：消毒

血液検査、尿検査などなど、検査することが多いね。

05 ヒョレッ コムサ ソビョン ゴムサ トゥンドゥン コムサハヌン ゲ マンキド ハネ
**혈액 검사, 소변 검사 등등, 검사하는 게 많기도 하네!**

□혈액 검사：血液検査 □소변 검사（小便検査）：尿検査

薬局で栄養ドリンクを1つ買おうっと。

ヤック ゲ ソ ピ ロフェボクチェルル ハ ナ サ ヤゲッタ
**06** 약국에서 피로회복제를 하나 사야겠다.

□**약국**：薬局 □**피로회복제**（疲労回復剤）：栄養ドリンク

この薬は1日3回飲まなければならないんだ。

イ ヤグン ハ ル エ セ ボン モ ゴ ヤ ドゥェヌング ナ
**07** 이 약은 하루에 세 번 먹어야 되는구나.

□**약**：薬 □**먹다**：（薬を）飲む

この花粉症の薬は飲んだ後にすごく眠くなる。

イ ッコッカル アルレ ル ギ ヤグン モグン フ エ マ ニ チョルリンダ
**08** 이 꽃가루 알레르기 약은 먹은 후에 많이 졸린다!

□**꽃가루 알레르기**：（花粉アレルギー→）花粉症 □**졸리다**：眠い

この薬を1回塗ったら、すぐかゆみが消えた。

イ ヤグル ハン ボン パルラット ニ カリョ ウ ミ クムバン カションネ
**09** 이 약을 한 번 발랐더니 가려움이 금방 가셨네.

□**바르다**：塗る □**가려움**：かゆみ □**가시다**：消える

風邪を引いても病院には行かないよ。

カム ギ エ コルリョ ド ピョンウォネン アン ガル レ
**10** 감기에 걸려도 병원엔 안 갈래.

□**감기**（感気）：風邪 □**걸리다**：かかる、引く

## 文法POINT

ウ ル レ
## -(으)ㄹ래 ：～するよ、～するか

あることをする意向や意志を表す。

ナ ヌン コ ピ ルル マ シル レ ヨ
▷ **나는 커피를 마실래요.** 私はコーヒーを飲みます。

イ キムパブ アン モ グル レ
▷ **이 김밥 안 먹을래?** このキムパを食べない？

04. 銀行・ATM 074

## ちょっとお金を下ろさなくちゃ。

トヌル チョム
チャジャヤゲッタ

# 돈을 좀 찾아야겠다!

このあたりにATMはないかな。

イ クンチョエ エイティエミ オプスルッカ

**01** 이 근처에 ATM이 없을까?

□근처 (近処) : 近く

銀行に行って入金をしなきゃ。

ウネンエ カソ イプクムル ヘヤジ

**02** 은행에 가서 입금을 해야지.

□입금 : 入金

残高も確認しないとな。

チャンゴド ファギネ ボヮヤゲンネ

**03** 잔고도 확인해 봐야겠네.

□잔고 : 残高 □확인하다 : 確認する

あ、暗証番号が思い出せない。どうしよう！

ア ピミルポノガ センガㇰ アン ナネ オットケ

**04** 아, 비밀번호가 생각 안 나네! 어떡해!

□비밀번호 (秘密番号) : 暗証番号 □생각나다 : 思い出される □어떡해 : どうしよう

約束したお金がまだ入金されていないな。

ヤㇰソカン トニ アジㇰ イプクミ アン ドゥェンネ

**05** 약속한 돈이 아직 입금이 안 됐네.

□약속하다 : 約束する □아직 : まだ

利息はないも同然だ。

イジャヌン プトゥナ マナネ
06 **이자는 붙으나 마나네.**

□이자(利子):利息 □붙으나 마나:ついてもつかなくても

この口座番号に振り込めばいいんだな。

イ ケジュヮ ボノロ イチェハミョン トゥェゲッチ
07 **이 계좌 번호로 이체하면 되겠지.**

□계좌 번호(計座番号):口座番号 □이체하다(移替ー):振り込む

振り込み手数料も馬鹿にならない。

イチェ ス スリョド ックェ ピッサネ
08 **이체 수수료도 꽤 비싸네.**

□수수료:手数料 □꽤:かなり

やっとローンを返し終えた。

ピルリン トヌル トゥディオ タ カパッタ
09 **빌린 돈을 드디어 다 갚았다.**

□빌리다:借りる □갚다:返す

節約すればお金を貯められないはずがないだろう。

アッキョッスミョン トヌル モン モウル リガ オプケッチ
10 **아껴 쓰면 돈을 못 모을 리가 없겠지.**

□아끼다:節約する □모으다:集める、貯める

## 文法POINT

ウ ル リガ オプタ
## -(으) ㄹ 리가 없다 : ~(する)はずがない

そうなる理由や可能性がないことを表します。

テトンニョンイ ク モイメ オル リガ オプタ
▷ **대통령이 그 모임에 올 리가 없다.** 大統領があの会合に来るはずがない。

イボン シホムン シュィウル リガ オプスル コエヨ
▷ **이번 시험은 쉬울 리가 없을 거예요.** 今度の試験は簡単ではないはずです。

## 05. カフェで　075

# このカフェはこじんまりとしていいな。

イ　カ　ペ　ヌン
# 이 카페는
ア　ダ　マ　ゴ　チョン　ネ
# 아담하고 좋네!

このカフェは雰囲気もよくて素敵だ。

イ カ ペ ヌン プ ニ ギ ド チョ コ モ シン ネ
**01** 이 카페는 분위기도 좋고 멋있네!

□분위기：雰囲気 □멋있다：素敵だ

ゆっくりとコーヒーでも飲もうかな。

ヌ グ タ ゲ コ ピ ラ ド ハンジャ ネ ヤ ゲッ タ
**02** 느긋하게 커피라도 한잔해야겠다.

□느긋하다：のんびりとしている □한잔하다：一杯飲む

窓際に座りたい。ちょうど空いているな。

チャン カッチョ ゲ アン コ シプ タ マ チム ピ オ イッ ク ナ
**03** 창가쪽에 앉고 싶다. 마침 비어 있구나.

□창가쪽：窓際 □마침：たまたま □비다：空く

このカフェのスタッフはみんな親切で優しいな。

イ カ ペ ス テ プ ドゥルン モ ドゥ チンジョ ラ ゴ サンニャン ハ ネ
**04** 이 카페 스태프들은 모두 친절하고 상냥하네.

□스태프：スタッフ □친절하다：親切だ □상냥하다：優しい

このお店はお代わり自由でいいね。

イ チ ブン ム ハン リ ピ リ オ ソ チョ タ
**05** 이 집은 무한 리필이어서 좋다.

□무한 리필（無限ー）：（無限リフィル→）お代わり自由

コーヒーの香りが漂ってきて本当にいい。

06 コピヒャンイ ウヌナン ゲ チョンマル チョクナ
커피향이 은은한 게 정말 좋구나.

□커피향(－香)：コーヒーの香り □은은하다(隠隠－)：ほのかだ

このコーヒー豆の原産地はエチオピアだな。

07 イ ウォンドゥエ ウォンサンジヌン エティオピアネ
이 원두의 원산지는 에티오피아네.

□원두(元豆)：コーヒー豆 □원산지：原産地

このコーヒーはちょっと苦くて、私の好みではない。

08 イ コピヌン チョム ッソソ ネ チュィヒャンイ アニダ
이 커피는 좀 써서 내 취향이 아니다.

□쓰다：苦い □취향(趣向)：好み

カフェで充実した時間を過ごした。

09 カペエソ アルチャン シガヌル ポネッタ
카페에서 알찬 시간을 보냈다.

□알차다：充実している □보내다：過ごす

やはりドリップコーヒーは飲みごたえがある。

10 ヨクシ ネリン コピヌン マシル マナネ
역시 내린 커피는 마실 만하네.

□내린 커피：(下ろしたコーヒー→)ドリップコーヒー

## 文法POINT

### -(으)ㄹ 만하다：～するに値する
(ウル マナダ)

ある出来事が十分それなりの価値があることを表す。

ヨジュム イブル マナン オシ オプタ
▷ 요즘 입을 만한 옷이 없다. 最近着たくなる服がない。

ポル マナン ヨンファガ イッスミョン チュチョネ ジュセヨ
▷ 볼 만한 영화가 있으면 추천해 주세요. 見ごたえがある映画がありましたら、お勧めしてください。

06. 美術館・博物館 076

# 特別展は絶対見に行きたい。

トゥクピョルジョヌン ッコク ポロ
# 특별전은 꼭 보러
カゴ シプタ
# 가고 싶다!

この絵は本当に有名な絵だ。

イ クリムン チョンマル ユミョンハン クリミジ
**01** 이 그림은 정말 유명한 그림이지!

□유명하다：有名だ □그림：絵、絵画

この特別展は本当に見ごたえがあるな。

イボン トゥクピョルジョヌン チョンマル ポル マナネ
**02** 이번 특별전은 정말 볼 만하네.

□특별전：特別展

ここでは写真を撮っちゃいけないのに。

ヨギソヌン サジヌル ッチグミョン アンドゥェルテンデ
**03** 여기서는 사진을 찍으면 안 될 텐데….

□~(으)ㄹ 텐데：～はずなのに、～はずだろうに

この絵はいくら見ても意味がよくわからない。

イ クリムン アムリ ポヮド ットゥスル チャル モルゲッタ
**04** 이 그림은 아무리 봐도 뜻을 잘 모르겠다.

□아무리：いくら

来月開かれる展示会にも絶対来ようっと。

タウムタル ヨルリヌン チョンシフェエド ッコク ワ ボヮヤジ
**05** 다음달 열리는 전시회에도 꼭 와 봐야지!

□다음달：来月 □열리다：開かれる □전시회：展示会

やっぱり半跏思惟像はレベルが違う。

06 ヨクシ パンガサユサンウン キョギ タルラ
역시 반가사유상은 격이 달라!

□반가사유상：半跏思惟像 □격：格、レベル □다르다：違う、異なる

この博物館は小さいけどこじんまりしてかわいらしい。

07 イ パンムルグヮヌン チャクチマン アギジャギハネ
이 박물관은 작지만 아기자기하네.

□박물관：博物館 □아기자기하다：(こまごまとして)かわいらしい

ここは生活史を一目で知ることができるところだ。

08 ヨギヌン センファルサルル ハンヌネ アル ス インヌン ゴシヤ
여기는 생활사를 한눈에 알 수 있는 곳이야.

□생활사：生活史 □한눈에：一目で

これから歴史の勉強をもっとしなくちゃ。

09 アプロ ヨクサ コンブルル チョム ド ヘヤゲッタ
앞으로 역사 공부를 좀 더 해야겠다.

□역사：歴史

この博物館は間もなくリニューアルするようだ。

10 イ パンムルグヮヌン コッ リモデルリンハル モヤンイダ
이 박물관은 곧 리모델링할 모양이다.

□리모델링하다：リフォームする

## 文法POINT

ウ ル モヤンイダ
**-(으)ㄹ 모양이다：～(する)ようだ、～しそうだ**

さまざまな行為や状態を見て、推測することを表す。

▷ ピガ ハンバタン オル モヤンイダ
비가 한바탕 올 모양이다. 一雨が来そうだ。

▷ チョニョゲヌン サムゲタンウル マンドゥル モヤンイエヨ
저녁에는 삼계탕을 만들 모양이에요. 夜はサムゲタンを作るようです。

## 07. 図書館・本屋 🔊 077

# 最近新しい本がいっぱい出たな。

クサイエ　セ　チェギ
# 그사이에 새 책이
マニ　ナワンネ
# 많이 나왔네!

この図書館はとても便利なところにある。

イ　トソグヮヌン チャム ピョルリハン ゴセ インネ
01 이 도서관은 참 편리한 곳에 있네.

□편리하다：便利だ

この図書館は遅くまでやっていて助かる。

イ　トソグヮヌン ヌッケッカジ ヘソ トウミ トゥェンダ
02 이 도서관은 늦게까지 해서 도움이 된다.

□늦게까지：遅くまで　□도움이 되다：役立つ

今日はこの本を借りよう。

オヌルン イ チェクトゥルル ピルリョヤゲッタ
03 오늘은 이 책들을 빌려야겠다.

□빌리다：借りる

1か月に5冊借りられるんだ。

ハン ダルガン タソッ クォヌル テチュラル ス イック ナ
04 한 달간 다섯 권을 대출할 수 있구나.

□권 (巻)：～冊　□대출하다：貸し出す

雑誌も貸してくれるのか聞いてみよう。

チャプチ ド ピルリョ ジュヌン ジ ムロボヮヤゲッタ
05 잡지도 빌려 주는지 물어봐야겠다.

□잡지：雑誌

この本屋はめちゃくちゃ広い。ない本はないだろう。

イ ソジョムン オムチョン ノルレ オムヌン チェギ オプケッタ

06 이 서점은 엄청 넓네. 없는 책이 없겠다.

□서점（書店）：本屋 □엄청：とても □넓다：広い

最近どんな本が新しく出たんだろう。

ヨジュム オットン チェギ セロ ナワッスルッカ

07 요즘 어떤 책이 새로 나왔을까?

□어떤：どんな □나오다：（出てくる→）出る

韓国語のテキストもいろんな本があるな。

ハングゴ キョジェド ピョレビョル チェギ タ インネ

08 한국어 교재도 별의별 책이 다 있네.

□교재：教材 □별의별（別一別）：ありとあらゆる

まさにこれが私が欲しかった本だ。

パロ イゲ ネガ ウォネットン チェギヤ

09 바로 이게 내가 원했던 책이야!

□바로：まさに □원하다（願ー）：願う、欲しがる

来るのが遅かったら、下手すればこの本が買えないところだった。

ヌッケ ワッスミョン チャチッ イ チェグル モッ サル ッポネッタ

10 늦게 왔으면 자칫 이 책을 못 살 뻔했다.

□자칫：ややもすれば

文法POINT

ウ ル ッポナダ

## -(으) ㄹ 뻔하다 ：～しそうだ、～するところだ

あることが起こりかけていたが、実際には起こらなかったことを表す。

マクチャルル ノチル ッポネッタ

▷ 막차를 놓칠 뻔했다. 終電に乗り遅れるところだった。

ペガ コパソ チュグル ッポネッタ

▷ 배가 고파서 죽을 뻔했다. お腹が空いて死にそうだった。

08. 友人と会う　078

友だちと会って楽しい時間。

チングワ マンナ
# 친구와 만나
チュルゴウン シガン
# 즐거운 시간!

久しぶりに中学のときの親友と会う日。

オレガンマネ チュンハッキョ ッテ タンッチャク チング ハゴ マンナヌン ナル
**01** 오래간만에 중학교 때 단짝 친구하고 만나는 날!

□단짝 친구：親友

卒業してから十年ぶりに懐かしい友人たちに会うことになった。

チョロパン ジ シムニョンマネ クリウン チングドゥルル マンナゲ ドゥェンネ
**02** 졸업한 지 십년만에 그리운 친구들을 만나게 됐네.

□그립다：恋しい、懐かしい

友だちと会うと、あっという間に時間が過ぎる。

チングドゥラゴ マンナミョン シガニ ポンゲガチ チナガンダ
**03** 친구들하고 만나면 시간이 번개같이 지나간다.

□번개같다：(稲妻のようだ→) 非常に早い

皆変わりなく元気だな。

タドゥル ピョナムオプシ コンガンハネ
**04** 다들 변함없이 건강하네.

□다들：(皆たち→) 皆　□변함없이：変わりなく　□건강하다 (健康ー)：健康だ

今日来られなかった友だちにも会いたい。

オヌル モン ナオン チングドゥルド ポゴ シプタ
**05** 오늘 못 나온 친구들도 보고 싶다.

□나오다：(出てくる→) 出る

担任の先生も来てくださって感謝！

タミム ソンセンニムッケソド ナワ ジュショソ ノム カムサ
06 담임 선생님께서도 나와 주셔서 너무 감사!

□담임：担任

友だちといっしょにバーベキューパーティーをやることになった。

チングドゥラゴ カチ パベキュ パティルル ハゲ ドゥェッタ
07 친구들하고 같이 바베큐 파티를 하게 됐다.

□바베큐：バーベキュー

彼はあまりにも時間に追われているようだった。

ク チングヌン シガネ ノム ッチョッキヌン ゴッ カタッソ
08 그 친구는 시간에 너무 쫓기는 것 같았어.

□쫓기다：追われる

楽しい時間を過ごすことができてよかった。

チュルゴウン シガヌル ポネル ス イッソソ チョアッタ
09 즐거운 시간을 보낼 수 있어서 좋았다!

□즐겁다：楽しい □보내다：送る

勉強ばかりでなく、スポーツもよくできた。

コンブド チャレッスル ップンマン アニラ ウンドンド チャレッチ
10 공부도 잘했을 뿐만 아니라 운동도 잘했지.

□운동：運動 □잘하다：うまい、上手だ

## 文法POINT

ウ ル ップンマン アニラ
### -(으)ㄹ 뿐만 아니라：～(する)だけでなく

ある事実に加えて、他の状況もかかわっていることを表す。

キリ ポㇰチャパル ップンマン アニラ コンギド アン ジョタ
▷ 길이 복잡할 뿐만 아니라 공기도 안 좋다. 道が混んでいるだけでなく、空気もよくない。

チュウル ップンマン アニラ ヌンド マニ オンダ
▷ 추울 뿐만 아니라 눈도 많이 온다. 寒いだけでなく雪もたくさん降っている。

## 09. ジムに行く 079

フィットネスクラブにでも通ってみようかな。

ヘルスクルロベラド
# 헬스클럽에라도
タニョ ボルッカ
# 다녀 볼까!?

新しくオープンしたフィットネスクラブに通おう。

セロ オプナン ヘルスクルロベ タニョヤゲッタ
**01 새로 오픈한 헬스클럽에 다녀야겠다.**

□오픈하다：オープンする □헬스클럽：ジム、フィットネスクラブ

高い入会金を払ったんだから、しっかり通わないと。

ピッサン イプェビルル ネッスニ ックジュニ タニョヤジ
**02 비싼 입회비를 냈으니 꾸준히 다녀야지.**

□입회비（入会費）：入会金 □꾸준히：着実に

皆優しいからずっと通い続けられそうだ。

モドゥ チンジョレソ ケソク タニル ス イッスル コッ カタ
**03 모두 친절해서 계속 다닐 수 있을 것 같아.**

□친절하다：親切だ □계속（継続）：引き続き

一生懸命運動したら、明らかに体重が減った。

ヨルシミ ウンドンヘットニ ファクシリ チェジュンイ チュロッソ
**04 열심히 운동했더니 확실히 체중이 줄었어.**

□열심히（熱心ー）：一生懸命 □확실히（確実ー）：確実に、明らかに □체중：体重 □줄다：減る

混み合う時間を避けてちょっと遅く行こう。

プムビヌン シガヌル ピヘ チョム ヌッケ カヤゲッタ
**05 붐비는 시간을 피해 좀 늦게 가야겠다.**

□붐비다：混む、混み合う □피하다（避ー）：避ける □늦다：遅い

無理して運動したら、すぐ飽きがくるだろう。

ウンドンウル ムリハゲ ハミョン クムバン シルチュンイ ナゲッチ
06 운동을 무리하게 하면 금방 싫증이 나겠지.

□싫증이 나다：嫌気がさす、飽きがくる

私にはやっぱり有酸素運動がよさそうだ。

ナハンテヌン ヨクシ ユサンソ ウンドンイ チョウル コッ カタ
07 나한테는 역시 유산소 운동이 좋을 것 같아.

□유산소：有酸素

シャワールームも更衣室もきれいで気に入った。

シャウォジャンド タリシルド ッケックテ マウメ トゥロ
08 샤워장도 탈의실도 깨끗해 마음에 들어.

□샤워장：シャワールーム □탈의실（脱衣室）：更衣室 □깨끗하다：きれいだ □마음에 들다：気に入る

あの人はイケメンな上にマッチョだね。

チョ サラムン オルチャンインデダガ モムチャンイネ
09 저 사람은 얼짱인데다가 몸짱이네.

□얼짱：オルチャン、イケメン □몸짱：モムチャン、マッチョ

運動をやればやるほど、健康になる感じだ。

ウンドンウル マニ ハルスロク コンガンド チョアジヌン ヌッキミネ
10 운동을 많이 할수록 건강도 좋아지는 느낌이네!

□느낌：感じ

## 文法POINT

ウ ル スロク
## -(으)ㄹ수록：～するほど、～（な）ほど

ある行為や状態の程度が強まったり、増したりすることを表す。

イ チョプシヌン ポルスロク マウメ トゥロヨ
▷ 이 접시는 볼수록 마음에 들어요. この皿は見れば見るほど愛着がわきます。

ヨギヤ チベソ カッカウルスロク チョチヨ
▷ 역이야 집에서 가까울수록 좋지요. 駅は家から近いほどいいです。

## やっと今日の仕事が全部終わった！

トゥディイオ　オヌル　リリ
# 드디어 오늘 일이
タ　ックンナッタ
# 다 끝났다!

今日もいろいろあったな。

オヌルド　ヨロガジ　イリ　イッソンネ
**01** **오늘도 여러가지 일이 있었네!**

□여러가지：いろいろ　□일：こと、仕事

残業で体がへとへとになってしまった。

ヤグヌロ　モミ　ノクチョガ　トゥェ　ボリョッタ
**02** **야근으로 몸이 녹초가 돼 버렸다.**

□야근(夜勤)：残業　□녹초가 되다：くたびれる、疲れ切る

本当に無我夢中の一日だった。

チョンマル　チョンシノプシ　ポネン　ハルヨッソ
**03** **정말 정신없이 보낸 하루였어!**

□정신없이(精神ー)：(精神なしに→)無我夢中で

家に帰ったら真っ先にシャワーをしないとな。

チベ　カジャマジャ　シャウォブト　ヘヤジ
**04** **집에 가자마자 샤워부터 해야지.**

□-자마자：～するやいなや、～するとすぐ　□샤워：シャワー

家に帰ってゆっくり休もう。

チベ　カソ　チャミナ　プク　チャヤゲッタ
**05** **집에 가서 잠이나 푹 자야겠다.**

□잠：睡眠　□푹：ゆっくり、ぐっすり

コンビニに寄ってちょっとビールとおつまみを買おう。

ピョ ニ ジョ メ トゥル ロ メクチュ ハ ゴ アンジュ コ リ チョム サ ヤ ゲッ タ
06 편의점에 들러 맥주하고 안주거리 좀 사야겠다.

□안주거리：おつまみ

駅から家までちょっと歩いてみようかな。

ヨ ゲ ソ チプッカ ジ ハンボン コ ロ ボルッカ
07 역에서 집까지 한번 걸어 볼까!?

□한번：(試しに)一度、一回 □걷다：歩く

ツツジがあっちこっちで満開だ。

チョルッチュギ ヨ ギ ジョ ギ ファルッチャク ピ オン ネ
08 철쭉이 여기저기 활짝 피었네.

□철쭉：ツツジ □활짝：ぱっと

駅からちょっと遠いけど周りの環境はよい。

ヨ ゲ ソ チョム モル ジ マン チュビョン ファンギョンウン チョ ア
09 역에서 좀 멀지만 주변 환경은 좋아!

□멀다：遠い □주변(周辺)：周り □환경：環境

今日はちょっと疲れた。ぐっすり眠れそうだ。

オ ヌ ルン チョム ピ ロ ハ ネ プク チャル ス イッケッ タ
10 오늘은 좀 피로하네! 푹 잘 수 있겠다.

□피로하다(疲労ー)：疲れている

### 文法POINT

ウ ル ス イッ タ オプ タ
## -(으)ㄹ 수 있다/없다：～することができる/できない

可能や不可能、または可能性の有無などを表す。

イ キム チ ヌン メ ウォ ソ モ グル ス オプ ソ ヨ
▷ 이 김치는 매워서 먹을 수 없어요. このキムチは辛くて食べられません。

キ リ マ キミョン チョム ヌ ジュル ス イッ ソ ヨ
▷ 길이 막히면 좀 늦을 수 있어요. 渋滞すると少し遅れる場合もあります。

その他のシーン別のつぶやき

# SCENE 9
# アウトドア・お出かけ

- 天候・季節
- 旅行・観光
- 飲み会
- スポーツ観戦
- ドライブ
- 公園・遊園地
- カラオケ
- 海・山
- 買い物
- デート

01. 天候・季節 081

## 天気は本当にいいね！

ナルッシヌン チョンマル チョンネ
# 날씨는 정말 좋네!

最近の天気予報はとてもよく当たるな。

ヨジュム イル ギ イェ ボ ヌン チャムチャル マン ネ
01 요즘 일기예보는 참 잘 맞네.

□일기예보(日記予報)：天気予報 □맞다：合う

晴れのちときどき曇りらしいから、傘は必要ないかな。

マルグン フ ッテッテ ロ フリン ダ ニ ウ サヌン ピリョオプケッチ
02 맑은 후 때때로 흐린다니, 우산은 필요없겠지?

□맑다：晴れる □때때로：ときどき □흐리다：曇る □필요없다：必要ない

午後は一雨降りそうだね。

オ フエン ビ ガ ハン バ タン ッソ ダ ジ ゲン ネ
03 오후엔 비가 한바탕 쏟아지겠네.

□한바탕：ひとしきり □쏟아지다：降り注ぐ

急に寒くなってきた。暖かい格好をしなきゃ。

ナルッシ ガ カプチャ ギ チュウォジョンネ ッタットゥタゲ イ ボ ヤ ゲッタ
04 날씨가 갑자기 추워졌네. 따뜻하게 입어야겠다.

□갑자기：急に □추워지다：寒くなる

変わりやすい天気だから、風邪に気をつけなければ。

ピョンドクスロウン ナルッシ ニッカ カム ギ チョ シ メ ヤ ジ
05 변덕스러운 날씨니까 감기 조심해야지.

□변덕스럽다：気まぐれだ □조심하다：注意する

新緑がまぶしい。

シルロギ ヌンブ シ ネ
06 신록이 눈부시네!

□신록：新緑 □눈부시다：まぶしい

四季があって、本当にいいと思う。

チュ ナ チュドン サ ゲ ジョ リ イッソ ソ チョンマル チョウン ゴ ガ タ
07 춘하추동 사계절이 있어서 정말 좋은 거 같아!

□춘하추동：春夏秋冬 □사계절（四季節）：四季

やっぱり秋は涼しくて過ごしやすいな。

ヨクシ カ ウルン シウォネ ソ チ ネ ギ ジョン ネ
08 역시 가을은 시원해서 지내기 좋네.

□시원하다：涼しい □지내다：過ごす

今年の冬は格別に寒いな。

オ レ キョ ウルン ユ ダル リ チュムネ
09 올해 겨울은 유달리 춥네.

□올해：今年 □유달리：格別に

梅雨がもうすぐ始まるから、備えておかなくちゃ。

チャンマ ガ コッ シジャクドゥエル テ ニッカ テ ビ ヘ ヤ ゲッ タ
10 장마가 곧 시작될 테니까 대비해야겠다.

□장마：梅雨 □시작되다（始作－）：始まる □대비하다（対備－）：備える

文法POINT

ウ ル テ ニ ッカ
## -(으)ㄹ 테니(까)：～はずだから、～つもりなので

話し手の意志や推測を表す。

センイ レ チョ デ ハル テ ニッカ ノル ロ ワ
▷ 생일에 초대할 테니까 놀러 와. 誕生日に招待するから遊びにおいで。

ネ イルン ナルッシ ガ チョウル テ ニ カ チ ノル ロ カ ジャ
▷ 내일은 날씨가 좋을 테니 같이 놀러 가자. 明日は天気がいいから、遊びに行こう。

02. ドライブ　082

## この道はドライブにちょうどいい。

# イ　キルン<br>이 길은<br>トゥライブハギエ　ッタギネ<br>드라이브하기에 딱이네!

シートベルトも締めなくちゃ。

01 アンジョンベルトゥド　メヤジ<br>**안전벨트도 매야지!**

□**안전벨트**(安全ー):シートベルト □**매다**:締める

エンジンをかけてもう一度左右を確認。

02 シドンウル　コルゴ　タシ　ハン　ボン　チュヮウ　ファギン<br>**시동을 걸고 다시 한 번 좌우 확인!**

□**시동**(始動)**을 걸다**:エンジンをかける □**좌우**:左右 □**확인**:確認

天気がすごく良いな。風も爽やかだし!

03 ナルッシガ　ノム　チョンネ　パラムド　サンクェハゴ<br>**날씨가 너무 좋네! 바람도 상쾌하고!**

□**바람**:風 □**상쾌하다**(爽快ー):爽快だ、爽やかだ

次のサービスエリアでちょっと休もう。

04 タウム　ヒュゲソエソ　チョムシュィオヤゲッタ<br>**다음 휴게소에서 좀 쉬어야겠다!**

□**휴게소**(休憩所):サービスエリア □**쉬다**:休む

ちょっと音楽鑑賞でもしようかな。

05 ウマクカムサンイラド　チョム　ヘ　ボルッカ<br>**음악감상이라도 좀 해 볼까?**

□**음악감상**:音楽鑑賞

スピードを落として、車間距離を守らなくちゃ。

ソクトルル ヌッチュゴ チャガンゴリルル チキョヤゲッタ
06 **속도를 늦추고 차간거리를 지켜야겠다.**

□속도：速度、スピード □늦추다：遅らせる □차간거리：車間距離

この道は一方通行なんだ。

イ キルン イルバントンヘンイグナ
07 **이 길은 일방통행이구나.**

□길：道、道路 □일방통행：一方通行

今日はだいぶ道が混んでいるな。

オヌルン キリ マニ ミルリネ
08 **오늘은 길이 많이 밀리네.**

□밀리다：渋滞する

自販機で缶コーヒーでも買おう。

チャパンギエソ ケンコピラド ハナ ッポバヤゲッタ
09 **자판기에서 캔커피라도 하나 뽑아야겠다.**

□자판기：自販機 □캔커피：缶コーヒー □뽑다：抜く、（自販機で）買う

あの標識はゆっくり走れと言うことだな。

チョ ピョジパヌン チョンチョニ タルリラヌン イヤギグナ
10 **저 표지판은 천천히 달리라는 이야기구나.**

□표지판（標識板）：標識 □천천히：ゆっくり □이야기：話、こと

## 文法POINT

ウ ラヌン
### -(으)라는 ： ～しろという…

命令の内容を伝えながら、後ろにくる語を修飾することを表す。

チョム ド キダリラヌン ミョンニョンウル ネリョッタ
▷ **좀 더 기다리라는 명령을 내렸다.** もう少し待てという命令を出した。

ウェ ッパルリ モグラヌン ゴンデヨ
▷ **왜 빨리 먹으라는 건데요.** 何で早く食べろと言うんですか。

03. 海・山　083

# 海を見たらスカッとする！

パ ダ ル ル　ポ ニ
# 바다를 보니
ソ ギ　ッポン　ットゥル リ ネ
# 속이 뻥 뚫리네!

波が穏やかでいいね。

パ ド ガ チャンジャネ ソ チョンネ
**01 파도가 잔잔해서 좋네.**

□파도(波濤):波 □잔잔하다:静かだ、穏やかだ

久しぶりに泳いでみようかな。

オ レガンマ ネ　スヨンイ ラ ド　ヘ　ボルッカ
**02 오래간만에 수영이라도 해 볼까?**

□수영:水泳

いつか海釣りに来たいな。

オンジェン ガ　パ ダ ナク シ ルル　ワ　ボヮ ヤ ゲッ タ
**03 언젠가 바다낚시를 와 봐야겠다.**

□언젠가:いつか □바다낚시:海釣り、磯釣り

風の音、波の音はいつ聞いてもいい。

パ ラム ソ リ　パ ド　ソ リ ヌン オンジェ トゥ ロ ド チョ ア
**04 바람 소리, 파도 소리는 언제 들어도 좋아!**

□소리:音 □듣다:聞く

沖を眺めると、本当に気分がいい。

モン バ ダ ルル　パ ラ ボ　ニッカ チョンマル　キ ブ ニ　チョ タ
**05 먼바다를 바라보니까 정말 기분이 좋다.**

□먼바다:沖 □바라보다:眺める

富士山に一回登ってみたい。

フ ジ サ ネ ハンボン オル ラ ガ ゴ シプ タ
06 후지산에 한번 올라가고 싶다.

□올라가다：登っていく、登る

この森の小道はとても歩きやすい。

イ オ ソル キ ルン チャム コッ キ ジョンネ
07 이 오솔길은 참 걷기 좋네.

□오솔길：(山や森の) 小道 □걷다：歩く

山に来たら空気がまったく違う。

サ ネ オ ニ コン ギ ガ チョニョ タ ル ダ
08 산에 오니 공기가 전혀 다르다.

□공기：空気 □전혀：まったく

山の頂上に登ってヤッホーと叫んだらいけないらしいね。

サン チョンサン エ オル ラ ヤ ホ ラ ゴ ウェ チミョン アン ドゥェンダジ
09 산 정상에 올라 야호!라고 외치면 안 된다지!?

□정상：頂上、てっぺん □오르다：登る □외치다：叫ぶ

今度ぜひ、パラグライダーに乗りに来たい。

タ ウ メ ペ ロ グル ラ イ ディン タ ロ ッコク ワ ボヮ ヤ ゲッ タ
10 다음에 패러글라이딩 타러 꼭 와 봐야겠다.

□패러글라이딩：パラグライディング

文法POINT

ウ ロ
## -(으)러 ：～しに

何かをするために場所を移動することを表す。

ヨンファルル ポ ロ カッ ソ ヨ
▷ 영화를 보러 갔어요. 映画を見に行きました。

ト ヌル チャジュ ロ ウ ネン エ タ ニョワッ ソ ヨ
▷ 돈을 찾으러 은행에 다녀왔어요. お金を引き出しに銀行に行ってきました。

 084

## いい思い出をいっぱい作らなくちゃ。

チョウン チュオグル
# 좋은 추억을
マニ マンドゥロヤジ
# 많이 만들어야지.

観光案内所に行って聞いてみよう。

クヮングヮンアンネソエ カソ ムロボヮヤゲッタ
01 관광안내소에 가서 물어봐야겠다.

□관광안내소：観光案内所 □묻다：聞く

たぶん日本語のパンフレットもあるよね。

アマド イルボノ ぺムプルリット イッケッチ
02 아마도 일본어 팸플릿도 있겠지!?

□아마도：たぶん □팸플릿：パンフレット

市内半日ツアーの申し込みはできるかな。

シネ パンナジョル トゥオ シンチョンハル ス イッスルッカ
03 시내 반나절 투어 신청할 수 있을까?

□반나절：半日 □투어：ツアー □신청하다：申請する

日本語のできるガイドがいたらいいな。

イルボノ ハル ス インヌン カイドゥガ イッスミョンチョケンネ
04 일본어 할 수 있는 가이드가 있으면 좋겠네.

□가이드：ガイド

このツアーは食事もついていていい。

イトゥオヌン シクサド ッタルリョ イッソソ チョア
05 이 투어는 식사도 딸려 있어서 좋아.

□식사：食事 □딸리다：つく

朝はコーヒーつきの軽食で十分だ。

06 アチメヌン コピガ ッタルリン カビョウン シクサロ チュンブネ
아침에는 커피가 딸린 가벼운 식사로 충분해.

□가볍다：軽い □충분하다：十分だ

いつどこで集まって出発するのかな。

07 オンジェ オディエ モヨソ チュルバラジ
언제 어디에 모여서 출발하지?

□모이다：集まる □출발하다：出発する

ここで写真を撮ってもいいのかな。

08 ヨギソ サジン ッチゴド クェンチャヌルッカ
여기서 사진 찍어도 괜찮을까?

□괜찮다：大丈夫だ

旅行は我々の人生を豊かにしてくれる。

09 ヨヘンウン ウリ サルムル プンヨロプケ ヘ ジュジ
여행은 우리 삶을 풍요롭게 해 주지.

□삶：生、人生 □풍요롭다：豊かだ

今回の旅行で本当に多くの事を学ぼうと努力した。

10 イボン ヨヘンエソ チョンマル マヌン ゴル ペウリョゴ ノリョケッタ
이번 여행에서 정말 많은 걸 배우려고 노력했다.

□배우다：習う □노력하다：努力する



## 文法POINT

### -(으)려고（ウリョゴ）：～しようと

先行節の行動をする目的で、後続節の行動をするということを表す。

▷ ウイサガ トゥェリョゴ コンブヘッソヨ
의사가 되려고 공부했어요. 医者になろうと勉強しました。

▷ コギルル チャブリョゴ カンエ カッタ
고기를 잡으려고 강에 갔다. 魚を捕ろうと川に行った。

05. 公園・遊園地　085

## 遊園地で楽しい一日。

ノ リ ゴンウォ ネ ソ
# 놀이공원에서
チュル ゴ ウン ハ ル
# 즐거운 하루!

公園に散歩でも行ってみようかな。

コンウォ ネ サンチェ ギ ラ ド カ ボルッカ
01 **공원에 산책이라도 가 볼까?**

□산책(散策):散歩

季節ごとにいろんな鳥が飛んでくる。

チョルマ ダ ヨ ロ ガ ジ セ ドゥリ ナ ラ ドゥ ネ
02 **철마다 여러가지 새들이 날아드네.**

□철마다:季節ごとに □날아들다:飛び込む、飛んでくる

毎朝ここでジョギングをしよう。

メ イル ア チム ヨ ギ ソ チョギン ヘ ヤ ゲッ タ
03 **매일 아침 여기서 조깅해야겠다.**

□조깅하다:ジョギングする

この遊園地はいつも混んでるな。

イ ノ リ ゴンウォヌン オンジェ ナ プム ビ ネ
04 **이 놀이공원은 언제나 붐비네.**

□놀이공원(ー公園):遊園地、テーマパーク □붐비다:混む

あの乗り物はすごく怖そう。

チョ ノ リ ギ グ ヌン ノ ム ム ソ ウル コッ カトゥン デ
05 **저 놀이기구는 너무 무서울 것 같은데.**

□놀이기구(ー器具):乗り物 □무섭다:怖い

1時間列に並んで待っても乗る価値がある。

ハン シガニナ チュル ソソ キダリョド タル マナネ
06 한 시간이나 줄 서서 기다려도 탈 만하네.

□줄 서다：行列する

私は高所恐怖症だから、メリーゴーランドでも乗ろう。

ナン コソゴン ポチュンイ イッス ニッカ フェジョンモンマナ タヤゲッタ
07 난 고소공포증이 있으니까 회전목마나 타야겠다.

□고소공포증：高所恐怖症 □회전목마（回転木馬）：メリーゴーランド

かなり待っても子どもたちは平気なんだ。

マニ キダリョド アイドゥルン イェサネ
08 많이 기다려도 아이들은 예사네.

□예사（例事）：平気

一日中いても飽きることはなさそうだ。

ハル ジョンイル イッソド シルチュンイ アン ナゲッタ
09 하루 종일 있어도 싫증이 안 나겠다.

□하루 종일（一終日）：一日中 □싫증：嫌気、飽き

ジェットコースターに乗ろうとする人が多すぎる。

ロルロコスト タリョヌン サラミ ノム マンネ
10 롤러코스터 타려는 사람이 너무 많네.

□롤러코스터（ローラーコースター）：ジェットコースター

## 文法POINT

ウ リョヌン
### -(으)려는 ： ～しようとする

ある行為の意図や、すぐに起こりそうな動きを表す。

ティケスル サリョヌン サラムドゥリ マナッタ
▷ 티켓을 사려는 사람들이 많았다. チケットを買おうとする人が多かった。

カゲルル タドゥリョヌン シガネ ソンニミ ワッタ
▷ 가게를 닫으려는 시간에 손님이 왔다. 店を閉めようとする時間にお客さんが来た。

06. 買い物 086

# 買い物って楽しい！

# 쇼핑하는 재미가 쏠쏠해！

ちょうどこのデパートでもセール中なんだ。

01 **마침 이 백화점에서도 세일 중이구나.**

□마침：たまたま □세일 중：セール中

この洋服屋をちょっと見てみよう。

02 **이 옷가게를 좀 둘러봐야겠다.**

□옷가게：洋服屋 □둘러보다：見回る

このかばんはデザインも色合いも気に入ったんだけど…。

03 **이 가방은 디자인도 색상도 마음에 드는데….**

□디자인：デザイン □색상（色相）：色合い □마음에 들다：気に入る

何かいいお土産はないかな。

04 **무슨 좋은 선물은 없을까?**

□무슨：何か

これが最近流行っているというスキニージーンズだな。

05 **이게 요즘 유행한다는 쫄바지구나.**

□유행하다：流行する、流行る □쫄바지：スキニージーンズ

安くていいものがあればいいんだけど。

カプッサ ゴ チョウン ムルゴ ニ イッ スミョン チョケンヌン デ
**06** 값싸고 좋은 물건이 있으면 좋겠는데.

□값싸다：(値段が) 安い □물건 (物件)：もの

このバッグは私によく似合いそうだ。

イ ペグン ナハンテ チャル オ ウルリル コッ カトゥンデ
**07** 이 백은 나한테 잘 어울릴 것 같은데.

□백：バッグ □어울리다：似合う

値段をちょっと負けてくれればいいんだけど。

カプスル チョム ッカッカ ジュミョン チョケッ タ
**08** 값을 좀 깎아 주면 좋겠다.

□값：値段 □깎다：値引きする

このストライプのブラウスはデザインがとても斬新だ。

イ チュルム ニ プル ラ ウ スヌン ティジャ イ ニ チャムチャムシ ナ ネ
**09** 이 줄무늬 블라우스는 디자인이 참 참신하네.

□줄무늬：縞模様 □블라우스：ブラウス □참신하다：斬新だ

この服屋さんは閉店するつもりなのか、半額セールをやってる。

イ オッ チ プン ム ヌル タ ドゥリョヌン ジ パ ネク セ イ ルル ハ ネ
**10** 이 옷집은 문을 닫으려는지 반액 세일을 하네.

□옷집：服屋 □닫다：閉まる □반액：半額

## 文法POINT

ウ リョ ヌン ジ
### -(으)려는지 ： ～しようとしているのか

漠然とした疑問や推測を表す。

オ ディ ロ ヨ ヘン カ リョヌン ジ ア ジク チャル モル ラ ヨ
▷ 어디로 여행 가려는지 아직 잘 몰라요.　どこに旅行しようとしているのかまだよくわかりません。

オットン オ スル イ プ リョヌン ジ ア セ ヨ
▷ 어떤 옷을 입으려는지 아세요?　どんな服を着ようとしているのかご存じですか。

07. 飲み会 087

# 友だちと楽しい飲み会。

チン グ ドゥ ラ ゴ
# 친구들하고
チュル ゴ ウン スル チャ リ
# 즐거운 술자리!

行きつけのお店で、友だちと一杯!

タンゴル チ ベ ソ チン グ ドゥ ラ ゴ ハンジャン
01 단골집에서 친구들하고 한잔!

□단골집:行きつけのお店

とりあえずマッコリで喉を潤してみようかな。

イルタン マッコル リ ロ モ グル チュギョ ボルッカ
02 일단 막걸리로 목을 축여 볼까?

□축이다:潤す

焼酎にはこのおつまみの方がもっと合うだろう。

ソ ジュ エ ヌン イ アンジュ ガ ト オ ウル リ ゲッ チ
03 소주에는 이 안주가 더 어울리겠지?

□소주:焼酎 □안주(按酒):おつまみ □어울리다:似合う、合う

本当にボリューミーだ。おかみさんは気前がいい。

チョンマル プ ジ マ ネ チュイン アジュムマ ソ ニ コ
04 정말 푸짐하네. 주인 아줌마 손이 커!

□푸짐하다:たっぷりある □주인(主人):オーナー □손이 크다:(手が大きい→)気前がいい

ビールでももう一杯飲んで口をさっぱりさせようかな。

イブ ガ シ ム ロ メクチュ ラ ド ハンジャン ト ハルッカ
05 입가심으로 맥주라도 한잔 더 할까?

□입가심:口直し

同僚たちと騒いでいるうちにもうこんな時間になった。

トンニョドゥラゴ ットドゥルダ ボ ニ ポルッソ シ ガ ニ イ ロ ケ トゥェンネ
06 **동료들하고 떠들다 보니 벌써 시간이 이렇게 됐네!**

□**동료**：同僚 □**떠들다**：騒ぐ □**벌써**：もう

今日はお酒があまり進まないようだ。

オ ヌ ルン ス リ ピョル ロ アン パンヌン ゴッ カ タ
07 **오늘은 술이 별로 안 받는 것 같아.**

□**받다**：受ける

最近、酒量がだいぶ減ったような気がする。

ヨ ジュム チュリャン イ マ ニ チュン ゴッ カトゥン ヌ ッキ ミ ネ
08 **요즘 주량이 많이 준 것 같은 느낌이네.**

□**주량**：酒量 □**줄다**：減らす

今日の飲み代は私が出そう。

オ ヌル スルカプスン ネ ガ ネ ヤ ジ
09 **오늘 술값은 내가 내야지.**

□**술값**：飲み代 □**내다**：出す、払う

いざ友だちと別れるとなると寂しいな。

マクサン チン グ ドゥ ラ ゴ ヘ オ ジ リョ ニ ッカ ソプ ソ パ ネ
10 **막상 친구들하고 헤어지려니까 섭섭하네!**

□**막상**：いざ、実際に □**헤어지다**：別れる □**섭섭하다**：寂しい、名残惜しい

## 文法POINT

ウ リョ ニ ッカ
### -(으)려니까 ：(いざ) ～しようとすると

先行節での行為の意図が、後続節の背景や前提であることを表す。

ユ ハク カ リョ ニ ッカ チュン ビ ハル ケ ノ ム マン タ
▷ **유학 가려니까 준비할 게 너무 많다.**
留学に行こうとすると準備しなければならないことが多すぎる。

シルチェ ロ ウォンソ ルル イル グ リョ ニ ッカ チョム オ リョウォッ タ
▷ **실제로 원서를 읽으려니까 좀 어려웠다.**
実際に原書を読もうとすると難しかったです。

08. カラオケ 088

# カラオケで楽しい歌を！

ノ レ バン エ ソ
# 노래방에서
モッ チン ノ レ ルル
# 멋진 노래를!

思い切り大声で歌を歌おう。

モ ギ トジョラ ノ レルル プルロ ボジャ
01 **목이 터져라 노래를 불러 보자!**

□**목이 터져라**：(喉が裂けよ→) 喉が裂けんばかりに □**부르다**：歌う、呼ぶ

このカラオケの音響設備は本当にいい。

イ ノ レ バン ウムヒャン シ ソル チョンマル チョン ネ
02 **이 노래방 음향 시설 정말 좋네.**

□**노래방** (－房)：カラオケ □**음향**：音響 □**시설**：施設

私の十八番は懐メロ。

ネ シパル ポ ヌン フル ロ ガン ノ レ
03 **내 십팔번은 흘러간 노래!**

□**십팔번** (十八番)：おはこ □**흘러간 노래**：(流れた歌→) 懐メロ

皆、歌だけは本当にうまい。

タドゥル ノ レ ハ ナ ヌン チョンマル チャ ラ ネ
04 **다들 노래 하나는 정말 잘하네.**

□**하나는**：(一つは→) ～だけは

この歌は思ったより歌いにくい。

イ ノ レ ヌン センガㇰ ポ ダ プ ル ギ ヒムドゥ ネ
05 **이 노래는 생각보다 부르기 힘드네.**

□**생각보다**：(考えより→) 思ったより □**부르기 힘들다**：歌いにくい

皆でノリのいい歌を歌いたい。

タ カチ シンナヌン ノレ プルゴ シプタ
06 **다 같이 신나는 노래 부르고 싶다.**

□**신나다**：興がわく

いつか韓国の歌に一度挑戦してみたい。

オンジェン ガ ハングン ノ レ エ ハンボン トジョネ ボァ ヤ ゲッタ
07 **언젠가 한국 노래에 한번 도전해 봐야겠다.**

□**언젠가**：いつか □**도전하다**：挑戦する

音がちょっと大きいな。ちょっと下げよう。

ソ リ ガ ノ ム クネ チョグム チュリョ ヤ ゲッタ
08 **소리가 너무 크네. 조금 줄여야겠다.**

□**줄이다**：(音量を)下げる

歌詞も良いし、曲もすっかり気に入った。

カ サ ド チョコ コクト マ ウ メ ッタクトゥロ
09 **가사도 좋고 곡도 마음에 딱 들어!**

□**가사**：歌詞 □**곡**：曲 □**딱**：すっかり、ぴったり

変に上手に歌おうとして、逆に歌を台無しにした。

クェニ チャル プ ル リョ ダ ガ オ ヒ リョ ノ レ ルル マンチョン ネ
10 **괜히 잘 부르려다가 오히려 노래를 망쳤네!**

□**괜히**：余計に □**오히려**：かえって □**망치다**(ㄷ一)：台無しにする

## 文法POINT

ウ リョ ダ ガ
## -(으)려다가：～しようとしたが、～しようとして

目的にしていた行為や状態の中断や変更を表す。

ヨンファルル ポリョ ダ ガ クマンドゥォッソヨ
▷ **영화를 보려다가 그만뒀어요.** 映画を見ようとしたが、やめました。

ッチャムッポンウル モ グ リョ ダ ガ ッチャジャンミョヌル モ ゴッ ソ ヨ
▷ **짬뽕을 먹으려다가 짜장면을 먹었어요.** チャンポンを食べようと思ったけど、ジャージャー麺を食べました。

09. デート　089

# 待ちに待ったデート！

# キダリゴ キダリドン
# 기다리고 기다리던
# テイトゥ
# 데이트！

彼といっしょにいると胸がドキドキ！

クワ カチ イッスミョン カスミ トゥグンドゥグン
01 그와 같이 있으면 가슴이 두근두근!

□두근두근：ドキドキ

一日も早く彼女に会いたい。

ハルッパルリ ヨチヌルマンナゴ シプタ
02 하루빨리 여친을 만나고 싶다!

□하루빨리：(一日早く→) 一日も早く　□여친 (女親)：彼女 # 여자친구 (女子親旧) の縮約形

水原の生カルビのお店にでも行ってみようかな。

スウォネ センガルビジベラド カ ボルッカ
03 수원의 생갈비집에라도 가 볼까?

□수원 (水原)：スウォン　□생갈비 (生ー)：生カルビ # 味付けをせずに焼くカルビ

私はどうも恋に落ちたみたい。

ナヌン アムレド サランエ ッパジン ゴ ガタ
04 나는 아무래도 사랑에 빠진 거 같아.

□아무래도：どうも　□빠지다：落ちる、溺れる　□거：もの、こと # 것の縮約形

明日のデートには素敵な服を着て行かなくちゃ。

ネイル テイトゥエン モッチン オスル イプコ ガヤジ
05 내일 데이트엔 멋진 옷을 입고 가야지!

□데이트：デート　□입다：着る

今日こそ愛していると告白をしよう。

06 오늘이야말로 사랑한다고 고백해야겠다.
(オ ヌ リ ヤ マル ロ　サ ランハン ダ ゴ　コ ベ ケ ヤ ゲッタ)

□이야말로：～こそ □고백하다：告白する

遅くなったから、家まで送ってあげないとな。

07 늦었으니까 집까지 바래다줘야지!
(ヌジョッス ニッカ チプッカ ジ　パ レ ダ ジュォ ヤ ジ)

□바래다주다：見送る

別れたくないが、仕方がない。

08 헤어지기 싫지만 어쩔 수 없네.
(ヘ オ ジ ギ　シル チ マン　オッチョル　ス　オム ネ)

□어쩔 수 없다：仕方がない

今日のデートは夢のような時間。

09 오늘 데이트는 꿈같은 시간!
(オ ヌル　テ イ トゥヌン　ックムガトゥン　シ ガン)

□꿈같다：夢のようだ

また会うには前もって約束をしておかないとな。

10 다음에 만나려면 미리 약속을 정해야겠지!?
(タ ウ メ　マンナリョミョン　ミ リ　ヤク ソ グル　チョンヘ ヤ ゲッチ)

□정하다（定一）：決める

## 文法POINT

### -(으)려면：～するには、～するためには
(ウ　リョミョン)

意図や意向、または将来起きることを仮定するとき使う。

▷ 공부하려면 사전이 필요하다. 勉強するには辞書が必要だ。
(コンブハリョミョン　サ ジョ ニ　ピ リョ ハ ダ)

▷ 이 옷을 입으려면 살을 빼야 된다. この服を着るにはやせなければならない。
(イ　オ スル　イ ブリョミョン　サ ルル　ッペ ヤ　ドゥェンダ)

10. スポーツ観戦　090

# 久しぶりに野球を見に行こうかな。

カン マ ネ
# 간만에
ヤ グ ポ ロ ガル ッカ
# 야구 보러 갈까!

この投手は本当にうまく投げるな。

イ トゥ ス ヌン チョンマル チャル トン ジ ネ
01 **이 투수는 정말 잘 던지네!**

□투수：投手 □던지다：投げる

野球場でキスタイムもあるなんて、面白そうだね。

ヤ グジャンエ ソ キ ス タイムド イッタ ニ チェ ミ イッケン ネ
02 **야구장에서 키스 타임도 있다니 재미있겠네!**

□야구장：野球場 □재미있다：面白い

ついに決勝。どっちのチームが勝つだろうか。

トゥディ オ キョルスンジョン オ ヌ ティ ミ イ ギルッカ
03 **드디어 결승전! 어느 팀이 이길까?**

□결승전：決勝戦 □이기다：勝つ

野球は9回裏、ツーアウトからだとか！

ヤ グ ヌン クフェマル トゥ ア ウッ プ ト ラ ジ
04 **야구는 9회말 투아웃부터라지!**

□말（末）：裏 #「表」は「초（初）」 □라지（←라고 하지）：〜だそうだな

ついに満塁逆転ホームラン。ウソだろ！

トゥディ オ マル ル ヨクチョン ホムロン セ サン エ
05 **드디어 만루 역전 홈런! 세상에!**

□만루：満塁 □역전：逆転 □세상에（世上一）：（世の中に→）なんとまあ

やはり外国で活躍するプロ選手は何かが違う。

ヨクシ ウェグ ゲ ソ ッㇳゥィヌン プ ロ ソン ス ヌン ムォンガ タル ラ
06 **역시 외국에서 뛰는 프로 선수는 뭔가 달라.**

□뛰다：走る、活躍する □뭔가：何か

あの選手は本当に全力で頑張っている。

チョ ソン ス ヌン チョンマル モ ムル ア ッキ ジ アン コ ッㇳゥィネ
07 **저 선수는 정말 몸을 아끼지 않고 뛰네.**

□선수：選手 □아끼다：惜しむ

よりによってゴールポストに弾かれるなんて！

ハ ピル コル テ エ マッ コ トゥィンギョジョ ナ オ ダ ニ
08 **하필 골대에 맞고 튕겨져 나오다니!**

□하필（何必）：よりによって □골대：ゴールポスト □맞다：当たる □튕겨지다：弾かれる

延長戦で1ゴールだけ入れてくれ！

ヨンジャンジョ ネ ソ ハン コルマン ノ オ ド チョウル テン デ
09 **연장전에서 한 골만 넣어도 좋을 텐데!**

□연장전：延長戦 □넣다：入れる

チアリーダーたちが踊りながら一生懸命応援している。

チ オ リ ド ドゥリ チュムル チュミョ ヨルシ ミ ウンウォナ ネ
10 **치어리더들이 춤을 추며 열심히 응원하네!**

□치어리더：チアリーダー □응원하다（応援ー）：応援する

## 文法POINT

ウ ミョ
### -(으)며 ：～しながら、～であり

2つ以上の事実を羅列したり、兼ねていることを表すとき使う。

テル レ ビ ジョヌル ポ ミョ パ ブル モ ゴッ タ
▷ **텔레비전을 보며 밥을 먹었다.** テレビを見ながらご飯を食べた。

イ キム チ ヌン タルミョ チョム ッチャダ
▷ **이 김치는 달며 좀 짜다.** このキムチは甘くて、ちょっとしょっぱい。

その他のシーン別のつぶやき

# SCENE 10
# 健康・リフレッシュ

- 体調
- 風邪・モムサル
- 栄養・ダイエット
- スポーツ
- 趣味
- 美容院・ネイルサロン
- 映画・音楽
- 韓ドラ
- K-POP・コンサート
- レストランに行く

01. 体調　091

## ああ、肩が凝る。

## 아, 어깨가 빠근하다!

ア　オッケガ　ッポグナダ

最近はすぐ疲れる。

01 요즘은 금방 피로해지네.

ヨジュムン クムバン ピロヘジネ

□금방：すぐ　□피로해지다（疲労―）：疲れる

目がひりひり、ちくちくする。

02 눈이 시리고 따끔따끔거리네.

ヌニ シリゴ ッタックムッタックムゴリネ

□시리다：沁みる　□따끔따끔거리다：ちくちくする

お腹の調子があまりよくないな。薬を飲もう。

03 속이 별로 안 좋네. 약을 먹어야겠다.

ソギ ピョルロ アン ジョンネ　ヤグル モゴヤゲッタ

□속：腹、腹具合

なんだかめまいがする。

04 왠지 현기증이 나네.

ウェンジ ヒョンギチュンイ ナネ

□왠지：何となく　□현기증（眩気症）：めまい

何か変な物を食べたのか、下痢をしている。

05 뭘 잘못 먹었는지 설사가 나오네.

ムォル チャルモン モゴンヌンジ ソルサガ ナオネ

□설사（泄瀉）：下痢

頭がずきずきする。

モ リ ガ チックンチックナネ
06 **머리가 지끈지끈하네.**

□**지끈지끈하다**：ずきずきする

最近体調がとてもいいな。

ヨジュム コンディショ ニ アジュ チョウン デ
07 **요즘 컨디션이 아주 좋은데.**

□**컨디션**：コンディション、体調

花粉症が始まったかな!? 鼻水が出る。

ッコッカ ル アル レ ル ギ ガ シジャクトゥェンナ コン ム リ ナ オ ネ
08 **꽃가루 알레르기가 시작됐나!? 콧물이 나오네.**

□**꽃가루 알레르기**：花粉症 □**콧물**：鼻水

最近全然食欲がない。

ヨジュム トン シ ギョ ギ オム ネ
09 **요즘 통 식욕이 없네.**

□**통**：全然、まったく □**식욕**：食欲

病院で診断すれば原因がわかるだろう。

ピョンウォ ネ ソ チンダナミョン ウォ ニ ヌル アルゲッ チ
10 **병원에서 진단하면 원인을 알겠지.**

□**진단하다**：診断する □**원인**：原因

## 文法POINT

ウ ミョン
## -(으)면 ：～すれば、～したら

仮定や条件の意味を表す。

ポ ミ オ ミョンッコッ チ ピン ダ
▷ **봄이 오면 꽃이 핀다.** 春が来れば花が咲く。

ソルミョン ソ ルル チャル イル グミョン アル ス イッ タ
▷ **설명서를 잘 읽으면 알 수 있다.** 説明書をよく読めばわかる。

02. 風邪・モムサル　092

## 風邪のモムサル（疲れ）のようだ。

カム ギ　モム サ リン　ゴッ

# 감기 몸살인 것

カ タ

# 같아.

もしかして風邪を引いたんじゃないかな。

ホク シ　カム ギ エ　コルリン　ゲ　ア ニルッカ

01 **혹시 감기에 걸린 게 아닐까!?**

□**혹시**（或是）：もしかして □**감기**（感気）：風邪、感冒 □**걸리다**：引く、かかる

季節の変わり目だから風邪に注意しなければ。

フヮンジョルギラソ　カム ギ エ　チョ シ メ ヤ ゲンヌン デ

02 **환절기라서 감기에 조심해야겠는데.**

□**환절기**（換節期）：季節の変わり目 □**조심하다**（操心ー）：注意する、気をつける

風邪にはゆっくり休むのが一番だ。

カム ギ ヌン　プク シュィヌン　ゲ　チェ ゴ ヤ

03 **감기는 푹 쉬는 게 최고야!**

□**푹**：ぐっすり、ゆっくり □**쉬다**：休む

風邪薬を飲まなくちゃ。ずっと咳が出る。

カム ギ ヤ グル　モ ゴ ヤ ゲッ タ　キ チ ミ　チャック　ナ オ ネ

04 **감기약을 먹어야겠다. 기침이 자꾸 나오네.**

□**감기약**（感気薬）：風邪薬 □**기침**：咳 □**자꾸**：ずっと、しきりに

今度の風邪はなかなか治らない。

イ ボン　カム ギ ヌン　チョムチョロム　アン　ナン ネ

05 **이번 감기는 좀처럼 안 낫네!**

□**좀처럼**：なかなか □**낫다**：治る

体がだるいのだが、モムサルのようだ。

モ ミ ッチップドゥンハン ゲ モム サ リン ゴッ カ タ
**06 몸이 찌뿌둥한 게 몸살인 것 같아.**

□찌뿌둥하다：だるい □몸살：モムサル＃過労が原因で起こる、頭痛や悪寒などを伴う体のだるい症状

喉がひりひりする。風邪かな。

モ ギ ッタックムッタック マ ネ カム ギ イン ガ
**07 목이 따끔따끔하네. 감기인가?**

□따끔따끔하다：ひりひりする

まだ熱はないみたいだけど、一度計ってみよう。

ア ジク ヨ ルン オムヌン ゴッ カッ チ マン ハン ボン チェ ボゥ ヤ ゲッ タ
**08 아직 열은 없는 것 같지만 한 번 재 봐야겠다.**

□열：熱 □재다：計る

あったかいハチミツ湯でも飲もう。

ッタックナン ックル ム リ ラ ド マ ショ ヤ ゲッ タ
**09 따끈한 꿀물이라도 마셔야겠다.**

□따끈하다：温かい、ほかほかだ □꿀물：(ハチミツ水→)ハチミツを溶かした水やお湯

咳も出るし、ちょっと頭痛もするみたいだ。

キ チム ド ナミョンソ トゥトン ド チョム インヌン ゴ ガ タ
**10 기침도 나면서 두통도 좀 있는 거 같아.**

□두통：頭痛

## 文法POINT

ウ ミョン ソ
### (으)면서 ：～ながら、～なのに

2つ以上の事実を兼ねていたり、相反したりすることを表す。

シン ム ヌル ポミョンソ ラ ディ オ ルル トゥ ロ ヨ
▷ **신문을 보면서 라디오를 들어요.** 新聞を読みながらラジオを聞きます。

マッ ト ピョルロ オプスミョンソ ピッ サ ヨ
▷ **맛도 별로 없으면서 비싸요.** おいしくないのに、高いです。

03. 栄養・ダイエット 093

# ご飯をしっかり食べて、ウンチもしっかりして。(快食快便)

パプ　チャル　モッ　コ
# 밥 잘 먹고

ットン　チャル　ヌ　ゴ
# 똥 잘 누고!

一日3食ちゃんと食べないとな。

ハルエ　セ　ッキ　チェデロ　チェンギョ　モゴヤジ

01 **하루에 세 끼 제대로 챙겨 먹어야지.**

□**세 끼**：3食　□**챙기다**：ちゃんと取りそろえる

ちゃんと食べなければ、一日を持ちこたえられない。

チャル　モゴヤ　ット　ハルルル　ポティジ

02 **잘 먹어야 또 하루를 버티지.**

□**버티다**：持ちこたえる

栄養バランスを考えて、好き嫌いせず食べなくては。

ヨンヤン　ペルロンス　センガケソ　コルゴル　モゴヤジ

03 **영양 밸런스 생각해서 골고루 먹어야지.**

□**영양**：栄養　□**밸런스**：バランス　□**골고루**：等しく

ゆっくりしっかり噛んで食べるのが大事だ。

チョンチョニ　ッコッッコクッシボソ　モンヌン　ゲ　チュンヨヘ

04 **천천히 꼭꼭 씹어서 먹는 게 중요해.**

□**천천히**：ゆっくり　□**꼭꼭**：しっかり噛む様子　□**씹다**：噛む

空腹にまずいものなし。お腹が空いているから全部おいしいな。

シジャンイ　パンチャニダ　ペガ　コプニ　タ　マシンネ

05 **시장이 반찬이다. 배가 고프니 다 맛있네.**

□**시장이 반찬이다**：(お腹が空くのがおかずである→)空腹にまずいものなし□**배가 고프다**：お腹が空く

最近だいぶ太ったみたいだ。

06 ヨジュム サリ マニ ッチン ゴ ガタ
**요즘 살이 많이 찐 거 같아.**

□살이 찌다：(肉がつく→) 太る

地道に歩けばやせるだろう。

07 ックジュニ コルミョン サリ ッパジゲッチ
**꾸준히 걸으면 살이 빠지겠지!?**

□꾸준히：着実に □살이 빠지다：(肉が抜ける→) やせる

食べるのを少しずつ減らしていかなくちゃ。

08 モンヌン ゴル チョグムッシク チュリョヤゲッタ
**먹는 걸 조금씩 줄여야겠다.**

□조금씩：少しずつ □줄이다：減らす

またフィットネスクラブに通ってみようかな。

09 タシ ヘルスクルロベ タニョ ボルッカ
**다시 헬스클럽에 다녀 볼까.**

□다시：また、改めて

やせる理由がわかればいいのにな。

10 マルヌン イユルル アラネミョン チョウル テンデ
**마르는 이유를 알아내면 좋을 텐데.**

□마르다：やせる □이유：理由 □알아내다：見つけ出す

## 文法POINT

ア オ ネ ダ
### (아/어)내다：～し抜く、～し遂げる

何かを最後までやり遂げるという意味を表す。

ヒムドゥン イルル チャル チャマ ネッタ
▷ **힘든 일을 잘 참아 냈다.** 大変なことをよく耐え抜いた。

ソンセンニムン マヌン チェジャルル キルロ ネッソヨ
▷ **선생님은 많은 제자를 길러 냈어요.** 先生は多くの弟子を育て上げました。

094

## スポーツを通して健康な生活を！

# スポチュルル　トンヘ
# 스포츠를 통해
# コンガンハン　センファルル
# 건강한 생활을!

時間を作って、地道に運動しよう。

01 シガン ナヌン デロ ックジュナゲ ウンドンハジャ
시간 나는 대로 꾸준하게 운동하자!

□나다：出る、取れる　□꾸준하게：着実に

今日は公園の周りを3周くらい走ってみよう。

02 オヌルン コンウォントゥルレルル セ バクィッチュム ットゥィオ ボジャ
오늘은 공원 둘레를 세 바퀴쯤 뛰어 보자.

□둘레：周り　□바퀴：～周　□뛰다：走る

とりあえず走る前にちょっと体をほぐそうかな。

03 イルタン タルリギ ジョネ モムルチョム プロ ボルッカ
일단 달리기 전에 몸을 좀 풀어 볼까.

□일단（一旦）：とりあえず　□달리다：走る　□풀다：（体を）ほぐす

最近運動していなかったから、体がだいぶ固くなった感じがするな。

04 ヨジュム ウンドンウル アネットニ モミ マニ クドゥンゴッ カンネ
요즘 운동을 안 했더니 몸이 많이 굳은 것 같네.

□굳다：固くなる

ラジオ体操で爽やかに一日をスタート。

05 ラディオ チェジョロ サンクェハゲ ハルルル シジャク
라디오 체조로 상쾌하게 하루를 시작!

□체조：体操　□상쾌하다（爽快ー）：爽快だ、爽やかだ　□시작（始作）：スタート

一生懸命運動したら、ちょっと筋肉がついた。

ヨルシミ ウンドンヘットニ クニュギ チョム プトンネ
06 **열심히 운동했더니 근육이 좀 붙었네.**

□근육：筋肉 □붙다：つく

マラソン大会に備えて、体を鍛えないとな。

マラトン デフェエ テビヘソ モムル マンドゥロヤジ
07 **마라톤 대회에 대비해서 몸을 만들어야지.**

□대비하다（対備－）：備える □만들다：作る

子どものときからスポーツは何でもやってきて、全部得意だ。

オリルッテブト ア ネ ボン ウンドンイ オプシ タ チャレ
08 **어릴 때부터 안 해 본 운동이 없이 다 잘해.**

□어리다：幼い □다：全部、何でも

最近早朝サッカーをやっていたら楽しくなってきた。

ヨジュムチョギ チュックルル ハダ ボニ サルマシ ナネ
09 **요즘 조기 축구를 하다 보니 살맛이 나네.**

□조기 축구（早期蹴球）：土日の朝、集まってサッカーをやること □살맛이 나다：生きがいを感じる

何歩歩いたのか記録しておこう。

ミョッ ポ コロンヌンジ キロケ ドゥジャ
10 **몇 보 걸었는지 기록해 두자.**

□보：～歩 □기록하다：記録する

文法POINT

ア オ ドゥダ
## (아/어)두다 ： ～しておく

ある行動を終えたあと、その状態や結果が持続していることを表す。

チャンムヌル タダ ドゥオッソヨ
▷ **창문을 닫아 두었어요.** 窓を閉めておきました。

パンムヌル ヨロ ドゥジ マセヨ
▷ **방문을 열어 두지 마세요.** ドアを開けっぱなしにしないでください。

05. 趣味 095

# 趣味生活は生きる活力源。

チュイ ミ　センファルン
# 취미 생활은
サル メ　ファルリョク ソ
# 삶의 활력소!

趣味生活をするためにはお金も時間も必要だ。

チュイミ センファ レ ヌン トンド　シ ガン ド　ピ リョ ヘ
01 **취미 생활에는 돈도 시간도 필요해.**

□취미 생활：趣味生活 □필요하다：必要だ

いつになったら、余裕をもって趣味を楽しむことができるのだろうか。

オンジェッチュム ヨ　ユ　イッ ケ　チュイミルル チュルギル　ス　イッスルッカ
02 **언제쯤 여유 있게 취미를 즐길 수 있을까?**

□언제쯤：いつ頃 □여유：余裕 □즐기다：楽しむ

ヨットに乗って沖に出てみたい。

ヨ トゥルル　タ ゴ　モンバ ダ ロ　ナ ガ　ポ ゴ　シプタ
03 **요트를 타고 먼바다로 나가 보고 싶다.**

□요트：ヨット □먼바다：沖

趣味生活をやりながらお金も稼ぐなんてうらやましい。

チュイ ミ　センファルロ　トン ド　ポル ダ　ニ　プ ロム ネ
04 **취미 생활로 돈도 벌다니 부럽네.**

□벌다：稼ぐ □부럽다：うらやましい

本当にゴルフが好きなんだ。

チョンマルロ　コル プ ルル チョ ア　ハ ヌン グ　ナ
05 **정말로 골프를 좋아하는구나.**

□정말로：本当に □골프：ゴルフ

早くコースに出る日だけを心待ちにしている。

06 イ ジェ ナ ジョジェ ナ　ピルドゥ エ　ナ ガル　ナルマン　キ ダ リ ゴ　イッ チ
이제나저제나 필드에 나갈 날만 기다리고 있지.

□이제나저제나：今か今かと　□필드：(ゴルフ) コース

料理はすればするほど面白い。

07 ヨ リ ヌン　ハミョン ハル ス ロク　チェ ミ イン ネ
요리는 하면 할수록 재미있네.

□하면 할수록：すればするほど　□재미있다：面白い

時間を作ってヨガを習ってみよう。

08 シ ガ ヌル　ネ ソ　ヨ ガ ルル　ペ ウォ　ボヮ ヤ ゲッ タ
시간을 내서 요가를 배워 봐야겠다.

□시간을 내다：(時間を出す→) 時間を作る　□요가：ヨガ

茶道と生け花を習いに行こうっと。

09 タ ド ハ ゴ　ッコッコ ジ ルル　ペ ウ ロ　タ ニョ ヤ ジ
다도하고 꽃꽂이를 배우러 다녀야지.

□다도：茶道　□꽃꽂이：生け花

これからは地方の方も旅行してみようかな。

10 ア プ ロ ヌン　チ バン　ッチョ ゲ ド　ヨ ヘンウル　カ　ボルッカ
앞으로는 지방 쪽에도 여행을 가 볼까.

□앞으로：これから　□지방쪽：地方の方

## 文法POINT

ア　オ　ボ ダ
## (아/어) 보다 ：～してみる

ある行為を一度試してみたり、経験してみたりすることを表す。

イ ジェ　スルスル　スクチェルル　ヘ　ボルッカ
▷ 이제 슬슬 숙제를 해 볼까?　もうそろそろ宿題をやってみようかな。

オ ヌルン　イ　ソ ソルル イル ゴ　ボ ジャ
▷ 오늘은 이 소설을 읽어 보자.　今日はこの小説を読んでみようかな。

06. 美容院・ネイルサロン 096

# 素敵なヘアースタイルに変身。

モッチン ヘ オ ス タ イ ル ロ
ピョンシン

# 멋진 헤어스타일로 변신!

今日のヘアースタイルはどうしようかな。

オヌル ヘ オ ス タ イルン オットケ ハルッカ

01 **오늘 헤어스타일은 어떻게 할까?**

□헤어스타일：ヘアースタイル

くるくるのパーマでもやってみようかな。

ッポグルッポグル パ マ モ リ ラ ド ヘ ボルッカ

02 **뽀글뽀글 파마머리라도 해 볼까?**

□뽀글뽀글：くるくる □파마머리：パーマの髪型

毛量が多いからちょっとすこうかな。

モ リ ス チ マ ヌ ニッカ チョム ソックルッカ

03 **머리 숱이 많으니까 좀 솎을까.**

□숱：髪の量 □솎다：すく

前髪はちょっと切った方がいいだろう。

アン モ リ ヌン チョム チャ ル ヌン ゲ チョケッ チ

04 **앞머리는 좀 자르는 게 좋겠지.**

□앞머리：前髪 □자르다：切る

気分転換を兼ねて明るい色に染めたい。

キ ブン チョヌァンギョム パルグン セ グ ロ ヨム セ カ ゴ シ ポ

05 **기분 전환 겸 밝은 색으로 염색하고 싶어.**

□기분 전환：気分転換 □겸（兼）：兼ねて □밝다：明るい □색：色 □염색하다（染色ー）：染める

顔にしわがたくさんできたな。パックでもやってみようか。

オルグ レ チュル ミ マ ニ センギョンネ ペ ギ ラ ド ヘ ボルッカ
**06** 얼굴에 주름이 많이 생겼네. 팩이라도 해 볼까.

□주름：しわ □생기다：できる □팩：パック

マッサージを受けに行ってみよう。

マ サ ジ パドゥロ カ ボヮヤゲッタ
**07** 마사지 받으러 가 봐야겠다.

□마사지：マッサージ □받다：もらう、受ける

明日はちょっとネイルサロンに行ってみようっと。

ネ イルン ネ イルシャベ ハンボン カ ボヮヤ ジ
**08** 내일은 네일샵에 한번 가 봐야지.

□네일샵：ネイルサロン

マニキュアをきれいに塗らなくちゃ。

メ ニ キュ オ ルル イェップ ゲ パル ラ ヤ ジ
**09** 매니큐어를 예쁘게 발라야지.

□예쁘다：きれいだ □바르다：塗る

どうしたらあんなにきれいに見えるんだろう？

オッチョム チョ ロ ケ イェッポ ポ イルッカ
**10** 어쩜 저렇게 예뻐 보일까?

□어쩜：どうやって

## 文法POINT

ア オ ボ イ ダ
### (아/어)보이다 ：～く見える、～そうだ

外見からある物事の状態を推測するときに使う。

イ ッパンウン マ シッ ソ ボ イ ネ ヨ
▷ 이 빵은 맛있어 보이네요. このパンはおいしそうに見えますね。

キョンチ ガ チョ ア ボ イン ダ
▷ 경치가 좋아 보인다. 景色がよさそうだ。

07. 映画・音楽 097

# 見ごたえのある映画はないかな。

ポル　マ ナン　ヨンファ
# 볼 만한 영화
オプスルッカ
# 없을까!

今日は韓国映画でも1本見ようかな。

オ ヌルン ハングㇰ ヨンファ ラ ド　ハン ピョン ポルッカ
01 오늘은 한국 영화라도 한 편 볼까.

□편 (編) : ～本

「ミナリ」という映画が面白そう。

ミ ナ リ ラ　ヌ ン　ヨンファ チェ ミ イッケッ タ
02 '미나리' 라는 영화 재미있겠다.

□미나리 : セリ　□라는 : ～という

最近どんな映画が人気があるんだろうか。

ヨ ジュㇺ オットン ヨンファ ガ　イン キ　ガ　イッスルッカ
03 요즘 어떤 영화가 인기가 있을까?

□인기 : 人気

このミュージカルは面白そうだ。

イ　ミュ ジ　コ ルン チェ ミ イッスㇽ コッ カン ネ
04 이 뮤지컬은 재미있을 것 같네.

□뮤지컬 : ミュージカル

この演劇は見ない訳にはいかない。

イ　ヨン グ グン アン ポル　ス　ガ　オプ チ
05 이 연극은 안 볼 수가 없지.

□연극 : 演劇

久しぶりに音楽会に行ってみよう。

オレンマネ ウマクェエ カ ボヮヤゲッタ
06 오랜만에 음악회에 가 봐야겠다.

□음악회：音楽会

この音楽を聞くと気持ちが落ち着く。

イ ウマグル トゥルミョン マウミ チャブ ネジョ
07 이 음악을 들으면 마음이 차분해져.

□차분해지다：落ち着く

やっぱり東京フィルハーモニーオーケストラはすごい。

ヨクシ トキョ ピルハモニ オケストゥラヌン テダナダ
08 역시 도쿄 필하모니 오케스트라는 대단하다.

□역시（亦是）：やはり □대단하다（大端－）：すごい

この曲は本当によく聞く曲だ。

イ コク チョンマル クィエ イグン コギネ
09 이 곡 정말 귀에 익은 곡이네.

□곡：曲 □귀에 익다：（耳に慣れる→）聞き慣れる

この歌は聞きすぎてちょっと飽きてきた。

イ ノレヌン ノム マニ トゥロソ チョグム チルリンダ
10 이 노래는 너무 많이 들어서 조금 질린다.

□질리다：飽きる

## 文法POINT

オ オ ソ
### (아/어)서：～て、～ので、～から、

先行節の行為や状態が、後続節の理由や原因であることを表す。

イ オスン チャガガソ モン ニボヨ
▷ 이 옷은 작아서 못 입어요. この服は小さくて着られません。

ノム マニ モゴソ ペガ プルロヨ
▷ 너무 많이 먹어서 배가 불러요. 食べ過ぎてお腹がいっぱいです。

08. 韓ドラ　098

## ドラマがなければ何を楽しみに生きるの!?

# トゥ ラ マ ガ オプ ス ミョン
# 드라마가 없으면
# ム スン チェ ミ ロ サ ナ
# 무슨 재미로 사나!?

ドラマを見るのが結構面白い。

01 トゥ ラ マ ポ ヌン チェ ミ ガ ッソルッソレ
**드라마 보는 재미가 쏠쏠해.**

□재미：楽しさ、面白さ □쏠쏠하다：なかなかいい

私は最近時代劇にはまってしまった。

02 ナ ヌン ヨ ジュム サ グ ゲ ッパジョ ポリョッソ
**나는 요즘 사극에 빠져 버렸어.**

□사극（史劇）：時代劇 □빠지다：（溺れる→）はまる

このドラマは思ったより感動的だ。

03 イ トゥ ラ マ ヌン センガク ポ ダ カムドンジョ ギ ネ
**이 드라마는 생각보다 감동적이네.**

□감동적：感動的

主人公の運命はどうなるんだろう。

04 チュインゴン エ ウンミョンウン オ ット ケ ドゥエルッカ
**주인공의 운명은 어떻게 될까?**

□주인공：主人公 □운명：運命

このドラマは韓国語の勉強にちょうどいい。

05 イ トゥ ラ マ ヌン ハン グ ゴ コン ブ ハ ギ エ ッタ ギ ネ
**이 드라마는 한국어 공부하기에 딱이네.**

□딱이다：ぴったりだ

字幕なしで韓国ドラマが見られたらいいのに。

チャマク オプシ ハングク トゥラ マ ポル ス イッスミョン チョケッタ
06 자막 없이 한국 드라마 볼 수 있으면 좋겠다.

□자막：字幕

このドラマは内容がさっぱりわからない。

イ トゥラ マヌン ネヨンイ ムォガ ムォンジ チャル モ ル ゲッタ
07 이 드라마는 내용이 뭐가 뭔지 잘 모르겠다.

□내용：内容 □뭐가 뭔지：何が何だか

このドラマのあらすじをちょっと見てみたい。

イ トゥラ マ エ チュルゴリルル ハンボン ポヮ ヤ ゲッタ
08 이 드라마의 줄거리를 한번 봐야겠다.

□줄거리：あらすじ

本当に木金ドラマはとんでもなくおかしい。

チャム モクム トゥラ マヌン コル ッテリ ネ
09 참, 목금 드라마는 골 때리네.

□참：本当に □목금（木金）：木曜日と金曜日 □골 때리다：（脳をぶつ→）超おかしい

今日はちょっと人気韓ドラでも見よう。

オ ヌルン インキ ハンドゥラ ド チョムポヮ ヤ ゲッタ
10 오늘은 인기 한드라도 좀 봐야겠다!

□한드：韓国ドラマ＃한국 드라마の縮約形

### 文法POINT

ア オ ヤ ゲッ タ
## (아/어)야겠다 ：～しなくちゃ、～しよう

何かをすべきであるという、強い意志を表すとき使う。

イ ボン コン ソ トゥ エ ヌン ッコク カ ヤ ゲッタ
▷ 이번 콘서트에는 꼭 가야겠다. 今回のコンサートには是非行かなくちゃ。

チョムシ ムン ネンミョヌル モ ゴ ヤ ゲッタ
▷ 점심은 냉면을 먹어야겠다. お昼は冷麺を食べよう。

09. K-POP・コンサート　099

## この歌手、本当に気に入った。

イ　カ　ス　チョンマル
# 이 가수 정말
マ　ウ　メ　トゥ　ロ
# 마음에 들어!

最近はK-POPを聞くのが楽しみだ。

ヨジュムン ケイ パ プ トゥンヌン チェ ミ ロ サル ジ
01 **요즘은 K-POP 듣는 재미로 살지.**

□듣다：聞く

この歌はいつ聞いても盛り上がる。

イ ノ レヌン オンジェ トゥ ロ ド シンナ ネ
02 **이 노래는 언제 들어도 신나네.**

□신나다：興がわく、わくわくする

そのグループはダンスも歌も半端ない。

ク ク ルブン チュムド ノ レ ド ポトン シルリョギ ア ニ ジ
03 **그 그룹은 춤도 노래도 보통 실력이 아니지.**

□보통：普通　□실력：実力

その歌の歌詞にはこんな意味があったんだ。

ク ノ レ カ サ エヌン イロン ットゥシ イッソック ナ
04 **그 노래 가사에는 이런 뜻이 있었구나.**

□가사：歌詞　□뜻：意味

練習生は本当に血のにじむような努力をしてるんだ。

ヨンスプセンドゥルン チョンマル ピ ナ ヌン ノ リョグル ハ ヌン グ ナ
05 **연습생들은 정말 피나는 노력을 하는구나.**

□연습생：練習生　□피나는 노력：(血の出る努力→) 血のにじむ努力

チケットを買うのが超難しい。

ピョ ク ハ ギ ガ ハ ヌ レ ピョル ッタ ギ ガン ネ

**06** 표 구하기가 하늘의 별 따기 같네.

□표（票）：チケット □구하다（求ー）：求める □하늘의 별 따기：（空の星を取ること→）とても難しいこと

コンサートに行くためにはチケットを早めに予約しなければ。

コン ソ トゥ エ カリョミョン ティ ケ スル ミ リ イェ メ ヘ ヤ ゲッ チ

**07** 콘서트에 가려면 티켓을 미리 예매해야겠지.

□티켓：チケット □예매하다（予買ー）：予約する

今回のコンサートでたくさんのエネルギーがもらえた。

イ ボン コン ソ トゥ エ ソ マ ヌン エ ノ ジ ルル オ ドッ タ

**08** 이번 콘서트에서 많은 에너지를 얻었다.

□에너지：エネルギー □얻다：得る、もらう

ファンたちが皆一つになって大合唱をしたね。

ペンドゥ リ モ ドゥ ハ ナ ガ ドゥェ オ ッテチャンウル ヘッ チ

**09** 팬들이 모두 하나가 되어 떼창을 했지.

□팬：ファン □떼창（ー唱）：大合唱

今日のコンサートは十分価値があった。今度また来なくちゃ。

オ ヌル コン ソ トゥヌン ト ニ アッカプチ ア ナッ ソ タ ウ メ ット ワ ヤ ジ

**10** 오늘 콘서트는 돈이 아깝지 않았어. 다음에 또 와야지!

□아깝다：もったいない

## 文法POINT

ア オ ヤ ジ

### (아/어)야지：〜しよう、〜しないと、〜しなければならない

注意を喚起したり同意を求めたり、自分に言い聞かせたりするときに使う。

チン グ ルル ッパル リ マン ナ ヤ ジ

▷ 친구를 빨리 만나야지. 早く友だちに会わなくちゃ。

オ ヌルン サム ゲ タンウル モ ゴ ヤ ジ

▷ 오늘은 삼계탕을 먹어야지. 今日はサムゲタンを食べよう。

10. レストランに行く　100

# 素敵なところでおいしい料理を！

# 멋있는 곳에서 맛있는 음식을!

モシンヌン ゴセソ / マシンヌン ウムシグル

ちょうど窓際が空いているな。

01 마침 창가쪽이 비어 있네.

マチム チャンカッチョギ ピオ インネ

□창가쪽（窓ー）：窓際　□비다：空く

メニューがすごく多いな。何でもあるんだ。

02 메뉴가 엄청 많네. 없는 게 없구나.

メニュガ オムチョン マンネ オムヌン ゲ オプクナ

□엄청：どえらく、とても　□없는 게 없다：（ないのがない→）何でもある

このお店でお勧めは何だろう。

03 이 집에서 잘하는 음식이 뭐지?

イ チベソ チャラヌン ウムシギ ムォジ

□잘하다：上手だ　□음식（飲食）：料理

ここはデザートのコスパがいいと評判だよ。

04 여기는 디저트의 가성비가 좋기로 소문이 났지.

ヨギヌン ティジョトゥエ カソンビガ チョキロ ソムニ ナッチ

□가성비（価性比）：コスパ　□소문（所聞）：噂

このサムゲタンは本当に体によさそうだ。

05 이 삼계탕은 정말 몸에 좋을 것 같다.

イ サムゲタンウン チョンマル モメ チョウル コッ カッタ

□삼계탕（参鶏湯）：サムゲタン

いつも親切だし、味も上品で気に入った。

ヌル チンジョラ ゴ ウムシクト チョンガレソ マ ウ メ トゥ ロ
**06** 늘 친절하고 음식도 정갈해서 마음에 들어.

□친절하다：親切だ □정갈하다：さっぱりする

やっぱりこの名店にはお客さんが大勢押し寄せるんだ。

ヨクシ イ マッチ ベヌン ソンニ ミ マ ニ モルリョドゥヌング ナ
**07** 역시 이 맛집에는 손님이 많이 몰려드는구나.

□맛집：(味の店→) 評判の店 □몰려들다：押し寄せる

私もあの人が食べているものを注文しようかな。

ナ ド チョ サ ラ ミ モンヌン ゴル ロ シ キルッカ
**08** 나도 저 사람이 먹는 걸로 시킬까?

□시키다：(料理を) 頼む

このお店の料理はほんとうに非の打ちどころがない。

イ シクタン ウム シ グン チンッチャ ナ ム ラル テ ガ オプ ソ
**09** 이 식당 음식은 진짜 나무랄 데가 없어.

□나무랄 데가 없다：(けなすところがない→) 非の打ちどころがない

残った料理は持ち帰り用として包んでくれるだろう。

ナ ムン ウム シ グン ポジャンヘ ジュゲッ チ
**10** 남은 음식은 포장해 주겠지.

□남다：残る □포장하다 (包装－)：(持ち帰り用として) 包む

## 文法POINT

ア オ ジュ ダ
## (아/어) 주다 ：～してくれる、～してやる

他の人のために、ある行為をすることを表す。

チン グ ガ ナ ハン テ チュ ソ ルル カ ル チョ ジュオッ タ
▷ 친구가 나한테 주소를 가르쳐 주었다. 友だちが私に住所を教えてくれた。

ネ ガ チン グ ハン テ チョヌァ ボ ノ ルル カ ル チョ ジュオッ タ
▷ 내가 친구한테 전화번호를 가르쳐 주었다. 私が友だちに電話番号を教えてあげた。

**チョ・ヒチョル**

「お、ハングル！」主宰。元東海大学教授。
2009～10年度 NHK テレビ「テレビでハングル講座」講師。
著書に、「CD BOOK 本気で学ぶ韓国語」、「CD BOOK 本気で学ぶ中級韓国語」、「［音声 DL 付］本気で学ぶ上級韓国語」、「［音声 DL 付］わかる！韓国語基礎文法と練習」〈ベレ出版〉、「1時間でハングルが読めるようになる本」〈学研プラス〉、「ヒチョル先生のひとめでわかる 韓国語 きほんのきほん」〈高橋書店〉など。

音声の内容

ナレーター：李 春京
タ　イ　ム：1時間48分

◉――カバー・本文デザイン　都井 美穂子
◉――カバー・本文イラスト　うてのての
◉―― DTP　株式会社 文昇堂
◉――校正　河村 光雅

**［音声DL付］毎日つぶやいてみる　韓国語ひとりごと**

2023年 1月25日　初版発行

| | |
|---|---|
| 著者 | **チョ・ヒチョル** |
| 発行者 | 内田 真介 |
| 発行・発売 | ベレ出版<br>〒162-0832　東京都新宿区岩戸町12 レベッカビル<br>TEL.03-5225-4790 FAX.03-5225-4795<br>ホームページ　https://www.beret.co.jp/ |
| 印刷 | モリモト印刷株式会社 |
| 製本 | 根本製本株式会社 |



ISBN 978-4-86064-713-1 C2087　編集担当　脇山和美